Roberto Arlt

El amor brujo

Barcelona **2024**
Linkgua-ediciones.com

Créditos

Título original: El amor brujo.

© 2024, Red ediciones S.L.

e-mail: info@linkgua.com

Diseño de cubierta: Michel Mallard.

ISBN rústica: 978-84-9953-599-9.
ISBN ebook: 978-84-9816-959-1.

Cualquier forma de reproducción, distribución, comunicación pública o transformación de esta obra solo puede ser realizada con la autorización de sus titulares, salvo excepción prevista por la ley. Diríjase a CEDRO (Centro Español de Derechos Reprográficos, www.cedro.org) si necesita fotocopiar, escanear o hacer copias digitales de algún fragmento de esta obra.

Sumario

Créditos — 4

Brevísima presentación — 7

Balder va en busca del drama — 11

Capítulo I. Antecedentes de un suceso singular — 21
   El fuego se apaga — 35

Capítulo II. La vida gris — 45
   Extractado del diario de Balder — 48
   La voluntad tarada — 51

Capítulo III. El suceso extraordinario se produce — 69
   Caminando al azar — 83
   Puntos oscuros — 86
   Escrúpulos — 90
   La confesión — 92
   En el país de las posibilidades — 97
   En nombre de nuestra moral — 103
   Llamado del camino tenebroso — 110
   Atmósfera de pesadilla — 115
   Extractado del diario del protagonista — 121
   Cuando el amor avanzó — 126
   Extractado del diario del protagonista — 134
   La obsesión — 138
   La última pieza que faltaba al mecanismo — 143

Capítulo IV. El ritual del embrujo — 153
   Extractado del diario de Balder — 166
   Sueño del viaje — 179
   Anochecer de la batalla — 192

Libros a la carta — 211

Brevísima presentación
La novela El amor brujo de Roberto Arlt (1932) es la última que escribió antes de dedicarse al teatro. Su protagonista, el ingeniero Balder, es un hombre contradictorio, fragmentado por una angustia existencial, que siente el llamado del camino tenebroso, la invitación a alejarse de una realidad que se le revela ficticia.

El amor brujo cuenta la historia del ingeniero Estanislao Balder. Este a los veintiséis años —casado y con un hijo de seis años— se enamora de Irene Loayza, una estudiante de dieciséis. Después de una interrupción de dos años, tiempo en el que Balder es demasiado perezoso para buscar a Irene, se reanuda la relación por iniciativa de ella y Balder aparece como novio oficial en casa de la viuda Loayza. A pesar de que la familia de Irene pertenece a la clase media, la futura suegra —en contra de lo que cabía esperar— no se opone a las relaciones de su hija con un hombre casado, sino que insiste en que éste pida el divorcio cuanto antes.

En esta tragicómica y burlesca historia, Arlt critica —de un modo sagaz— un estereotipo de hombre. Aquel que, por medio de la caza y la conquista, solo intenta recuperar la inocencia, la juventud y un impulso de vida que alguna vez tuvo y perdió.

Si tu pálido rostro, que acostumbra a enrojecerse ligeramente bajos los efectos del vino o la alegría, arde de cuando en cuando de verguenza al leer lo que aquí está escrito, cual bajo resplandor de un alto horno, entonces, tanto mejor para ti. El mayor de los vicios es la ligereza; todo lo que llega hasta la conciencia es justo.

La tragedica de mi vida
Oscar Wilde

Balder va en busca del drama

El perramus doblado, colgado del brazo izquierdo, los botines brillantes, el traje sin arrugas, y el nudo de la corbata (detalle poco cuidado por él) ocupando matemáticamente el centro del cuello, revelaban que Estanislao Balder estaba abocado a una misión de importancia. Comisión que no debía serle sumamente agradable, pues por momentos miraba receloso en redor, al tiempo que con tardo paso avanzaba por la anchurosa calle de granito, flanqueada de postes telegráficos y ventanas con cortinas de esterillas.

«Aún estoy a tiempo, podría escapar» —pensó durante un minuto, mas irresoluto continuó caminando.

Le faltaban algunos metros para llegar, una ráfaga de viento arrastró desde el canal del Tigre un pútrido olor de agua estancada, y se detuvo frente a una casa con verja, ante un jardinillo sobre el cual estaba clausurada con cadena la persiana de madera de la sala. Una palma verde abría su combado abanico en el jardín con musgo empobrecido, y ya de pie ante la puerta buscó el lugar donde habitualmente se encuentra colocado el timbre. De él encontró solamente los cables con las puntas de cobre raídas y oxidadas. Pensó:

—En esta casa son unos descuidados —y acto seguido, llamó golpeando las palmas de las manos.

Su visita era esperada. Inmediatamente, por el patio de mosaicos, entre macetas de helechos y geranios, adelantose con los rápidos pasos de sus piernas cortas, una joven señora de mejillas arrebatadas de arrebol e insolentísima mirada. Acercándose a la puerta le extendió una mano entre las rejas al tiempo que con la otra corría el cerrojo. Dijo:

—Pase... y no olvide que le recomendé mucha calma.

—Pierda cuidado, Zulema —y Balder sonrió cínicamente. Sin embargo, de observársele bien, se hubiera podido descubrir que sus ojos no sonreían. Examinaba lo que le rodeaba con curiosidad vivísima. De pronto reparó que su sonrisa era inconveniente en tales circunstancias y aunque trató de reprimirla no pudo impedir que su semblante reflejara cierta jovialidad maliciosa. Se alegró de que la joven señora, caminando ante él, diera la espalda, y aho-

ra día frente a la puerta de la sala forcejeaba con la manilla, desajustando por dentro la cerradura sobre sus tornillos flojos. Nuevamente d visitante pensó:
—Indiscutiblemente, en esta casa son unos descuidados. Puerta sin timbre, cerraduras sin componer...

La joven señora inclinada sobre la manilla repitió:
—Tenga calma, sujete sus nervios, y sea dócil. Doña Susana tiene un carácter terrible, pero es muy buena.

La puerta se abrió sobre la habitación, y nuestro joven entró a la sala que se le antojó desmantelada y siniestra.

Encajonábase allí una oscuridad de paredes harto tiempo humedecidas. Cuando sus ojos se habituaron a la penumbra que entraba por la puerta entreabierta, descubrió un piano sin herrajes dorados, lo cual le daba un singular aspecto de cajón mortuorio. Sobre él, a cierta altura, se distinguía la sólida cabeza de un viejo uniformado, bigotes canosos y rostro vuelto tres cuartos de perfil, y a un costado, más abajo, la fotografía de una señorita de cara de mona, con un vestido tieso, sobre un fondo rosado.

En otro muro, pésimamente repujado descubrió un plato de estaño. Tres sillas desdoradas y un sofá constituían el moblaje de la habitación.

«Sala de pobre gente con pretensiones», pensó Balder, depositando el perramus y el sombrero sobre el sofá. Como tenía conciencia de que su mirada se había vuelto nuevamente burlona, temeroso de que pudieran espiarle compuso rostro grave y expresión pensativa. Al volver la cabeza fijó nuevamente la mirada en el teniente coronel del retrato, y se dijo: «Parecía enérgico ese hombre».

Alguien forcejeó en la puerta de comunicación de la sala con el cuarto inmediato, se desprendió bruscamente el pasador cayendo al suelo con gran estrépito, y la puerta se abrió, apareciendo una dama como de cincuenta años, arrebujada en un manto violeta. Alguna impresión reciente le congestionaba el semblante, pero a pesar de ello se mantenía tiesa, y su cabello blanco, recortado sobre la nuca acrecentaba la expresión de energía que brillaba despiadadamente en sus ojos. El labio inferior y la mandíbula ligeramente colgante le daban un matiz de degeneración, acaballada por dos arrugas extensas que tomaban sus sienes, los vértices de los labios y los maxilares. Su mirada dura buscó inmediatamente los ojos de Balder, y éste, antes que la dueña de casa pudiera pronunciar palabra, exclamó:

—¡Qué notable!, aquí ninguna cerradura anda bien.

La señora se detuvo a dos pasos del joven con gesto de primera actriz ofendida, y Zulema, que entró tras de ella, hizo la presentación:

—El ingeniero Balder, la señora Susana Loayza.

Balder se echó la mano al bolsillo viendo que la presentada no le alcanzaba la suya, y pensó rápidamente:

«La comedia ha comenzado».

«La señora Loayza» lanzó un horrible:

—Caballero, ¿a qué debo el honor de su visita?

Balder pensó por un instante que él no era un «caballero» ni tampoco deseaba serlo. También experimentó tentaciones de explicarle a su interlocutora que la palabra «caballero» le recordaba la llamada que los lustrabotas dirigen a los transeúntes en la puerta de sus cuchitriles, y finalmente meneó la cabeza como si tuviera que vencer su timidez y aceptar lo irremediable de un destino cruel.

—Señora, usted sabe que vengo a pedirle autorización para tener relaciones con su hija Irene.

La anciana casi respingó al tiempo que se llevaba las dos manos al pecho:

—¡Pero esto es horrible, simplemente horrible! ¿Cómo voy a concederle permiso a mi hija para que tenga relaciones con un hombre casado? Porque usted es casado. Me informaron que usted es casado.

Balder repuso con suma sencillez:

—Señora... convendrá conmigo que no es lo más grave que pueda ocurrirle a una jovencita, tener relaciones con un hombre casado —y luego envolvió en una mirada a su amiga Zulema, como diciéndole: «¿No está usted satisfecha que me mantenga calmo tal cual me recomendaba?».

—Pero esto es horrible... horrible...

Balder prosiguió imperturbable:

—Yo no le veo lo horrible. Por otra parte será horrible hasta que uno termine por acostumbrarse a la idea, y entonces la idea deja de producir tal efecto. Sin contar que un casado puede divorciarse. ¿No es así?

Hablaba con vocecita dulce y sumamente persuasiva.

La enérgica señora, más arrebolada ahora que antes, repuso:

—¿Y la hija del teniente coronel Loayza se va a casar con un divorciado? Jamás... jamás... antes prefiero verla muerta.

Balder experimentó la tentación de explicarle que él no había ido a tratar allí su segundo matrimonio, sino unas simples e inocentes relaciones, lo cual era muy distinto al problema planteado por ella. En aquel mismo instante la persona a quien la señora Loayza «prefería ver muerta antes que casada con un divorciado» entró silenciosamente al cuarto y se apoyó en el borde del piano, después de saludar a Estanislao con una tenue sonrisa.

Era una joven de dieciocho años. En la penumbra, el ancho rostro tallado en sombras adquiría relieves de luminosidad trágica. Balder examinó el abombado plano pálido de sus mejillas que tantas veces besara y sintió que su jovialidad se derretía bajo la temperatura de aquellos ojos negroverdosos, que le daban a la criatura una expresión gatuna y reconcentrada. Embutía su busto de mujer totalmente desarrollada una bata de punto color marrón, y doña Susana, volviendo los ojos hacia su hija, exclamó:

—Aquí está la gran desvergonzada que engaña a su madre.

En el ceño de la jovencita se formó una triple arruga como las tres cuerdas de un contrabajo, y la madre dirigiéndose a su amiga Zulema exclamó:

—¡Ah! Zulema, Zulema... que no viva el teniente coronel para poner orden en esta casa. —Y reiteró—: Antes verla muerta que casada con un divorciado. Además... ¿ha iniciado acaso usted los trámites de divorcio?

—No, pero pienso iniciarlos pronto —y Balder calló mirando extasiado a la jovencita que, apoyada en la tapa del piano, lo miraba con su profunda mirada de mujer que ya sabe los placeres que un hombre puede esperar de ella, y con qué moneda debe pagarlos.

Cualquiera diría que la dama esperaba que Balder pronunciara estas palabras para tener el pretexto de exclamar:

—No, no, no. De ningún modo mi hija puede casarse con un hombre divorciado. Sería el hazmerreír de la gente.

—¿Por qué, señora? —repuso Zulema, que se había sentado a la orilla del sofá—. ¿No aplaudía usted el otro día el divorcio de la señora Juárez?

—Eso es otra cosa —repuso la viuda del teniente coronel—. El marido de Lía Juárez es un bruto... hizo muy bien ella en plantarlo. Además... me importa poco. Si Irene se niega a obedecerme, tendrá que acatar las órdenes del Ministro de Guerra.

Balder desencajó los ojos.

—¿Y qué tiene que ver en este asunto el Ministro de Guerra...?

—¿Cómo que tiene que ver? El Ministro de Guerra es el tutor de la nena...

—¿Tutor...?

—Y claro. ¿Usted no sabe que el Ministro de Guerra es el tutor de todos los huérfanos de militares que son menores de edad?

Balder se mordió los labios para no lanzar una carcajada y pensó:

«Aviado estaría el Ministro de Guerra si tuviera que hacer caso de los líos dé todas estas mujeres». E irónicamente repuso:

—A pesar de lo que dice pienso que si usted no estuviera dispuesta a permitir mis relaciones con Irene, no me habría recibido. ¿Qué objeto tendría de otro modo una conversación entre nosotros?

—Caballero, yo lo he recibido para decirle que se olvide de esa hipócrita que todo le oculta a su madre y para que esas actividades amorosas las dedique a su esposa.

—Yo estoy separado de mi esposa. Además, usted comprenderá, mis actividades amorosas las dedico a quienes las merecen. Su hija y yo... ¿cómo expresarme? estamos ligados por lazos de fatalidad sumamente complicados. Esto posiblemente no lo entienda usted... cosa que mayormente no puede influir en el curso de nuestras relaciones, pues las permita o no, yo continuaré con Irene.

Ante una respuesta así, no cabía otra actitud que señalarle la puerta al visitante, o amainar en cavilaciones inútiles. La viuda del teniente coronel optó prudentemente por esto:

—No, no, yo no permitiré jamás que mi hija se case con un divorciado.

Se produjo un intervalo de silencio.

Balder pensó:

«Esta vieja tiene un alma taciturna y violenta. Carece de escrúpulos. Además que yo no me he presentado en esta casa para hablar de casamiento sino a pedir permiso para tener relaciones con Irene, lo que es muy distinto a "casarse"» —y nuevamente examinó con curiosidad ese rostro que en la sombra parecía un bajo relieve terroso, con las mejillas excavadas por gruesas arrugas.

Y por decir algo replicó:

—Pero su posición es absurda, señora.

Lo cual no le impidió pensar: «Son notables las contradicciones de la buena señora. Pregona que prefiere ver a su hija muerta antes que casada conmigo, y al mismo tiempo revienta de curiosidad por saber si he iniciado los trámites de divorcio. Me jugaría la cabeza que esta viuda es capaz de llevarlo a un pretendiente, a los tirones, hasta el Registro Civil».

Sin embargo su cínica desenvoltura se evaporaba en contacto de la presencia de Irene. Ella en la sombra, con los brazos cruzados sobre sus senos lo retrotraía a días de placer incompleto, en los cuales el goce, por extraña antinomia, se convertía en la azulada atmósfera de país de nieve, donde todas las posibilidades eran verosímiles y espléndidas. En cambio la anciana le despertaba un rencor injustificable.

La señora Loayza prosiguió:

—Absurda o no, Irene tendrá que obedecerme.

—Usted tendrá que atarla con cadenas, a Irene.

—Que se atreva a hacer algo esa mocosa. Que se atreva. La meto en una escuela hasta que sea mayor de edad. Mañana mismo se la entregó al Ministro de Guerra.

Balder, sinceramente entristecido, repuso:

—Señora, es una lástima lo que ocurre. Irene y yo nos hubiéramos entendido. Yo la quiero mucho a Irene. La quiero y la he tratado como un padre. Es una pena que esto ocurra así.

—En ese caso usted no ha hecho nada más que cumplir con sus deberes de caballero —repuso la viuda.

Balder quedó callado. Contrariaban sus deseos. Él podía ser un cínico, pero nada priva que un cínico se enamore. Y él estaba enamorado de Irene. Repuso consternado:

—La he cuidado como un padre, como si fuera hija de mis entrañas.

Irene lo miró profundamente y recordando quizás intimidades nada paternales habidas con él sonrió burlona, como diciéndole: «Chiquito... sos un desvergonzado comediante».

Balder continuó:

—Cuando un hombre de mi edad quiere a una chica como un padre (el bufo se mezclaba en él con el tragediante) sus destinos no deben troncharse. Irene y yo nos entendemos muy bien. Usted que por su edad debe tener dominio del mundo está obligada a darse cuenta de nuestra situación. (Una magnitud de emoción acudió en su auxilio.) Irene y yo estamos predestinados a vivir siempre juntos. Nos queremos. ¡Cuántos hombres casados hay que se han divorciados para casarse más tarde con la mujer que amaban efectivamente! ¿Es un pecado amar? No. Además mi vida es un desastre. Yo no la quiero a mi mujer. Actualmente estamos separados. Con Irene nos hemos conocido de manera excepcional y nuestra relación por lo tanto también debe ser excepcional. ¿Qué importa que esté casado? ¿Tiene alguna importancia eso? No, ninguna. ¿Cuántos hombres y mujeres se divorcian cada año en cada país del mundo? Es una cifra que no se ha calculado todavía... pero ya es enorme. Creo que en Estados Unidos las estadísticas dan el 5 %. Nosotros nos queremos y basta. Podemos constituir un hogar feliz. Y si usted se opone, será responsable de todo lo que ocurra, señora. Sí... será responsable. Ante Dios y los hombres.

A medida que hablaba, avanzaba en Balder una extraordinaria necesidad de burlarse de sí mismo y de los que le escuchaban. Cuando dijo: «Usted será responsable ante Dios y los hombres», una vocecita interior susurró en sus oídos: «Desvergonzado, ni que estuvieras en un teatro». Balder desentendiéndose de su vocecita, continuó:

—¿Es vida la que llevamos, señora? Sea sensata. Irene me quiere. Yo pienso continuamente en ella. ¡Oh!, si usted supiera cómo nos hemos conocido. Y ahora estoy ante usted aquí hablando de mi amor y tengo la sensación de que usted me entiende, comprende mis nobles sentimientos y los admite... sí, señora... usted los admite y por amor propio, por prejuicio, me dice que no mientras que su corazón me dice: sí... sí... sea feliz con la mujer que tan fervientemente ama. Sea feliz, hijo mío. Mientras hablaba, Balder pensaba: «Cuando más estúpido me crean, mejor».

Por otra parte es muy posible que la viuda del teniente coronel se diera cuenta que en Balder alternaba simultáneamente el hombre sincero y el co-

17

mediante, y al tiempo que arrollaba nerviosamente los flecos violetas de su pañoleta en la punta de sus dedos, meneó la cabeza para decir:

—Todo lo que dice está muy bien, pero póngase usted en condiciones. Lo que pretende es inadmisible. Vivir con su esposa y estar de novio. No, no y no.

—¿Y si yo me divorciara?

—Entonces sería otra cosa. No sé. Tendría que pensarlo. Aunque no. No. Mi hija no puede casarse con un hombre divorciado. Hay que ver lo que murmuraría la gente. Por otra parte yo no tengo ningún apuro de casar a mis hijas. Están muy bien en su casa, al lado de su madre. ¿Y ahora vive con esa mujer?

—No, ya le he dicho que estamos separados. No nos entendemos. Y lo grave es que no nos entenderemos nunca.

—¿Y por qué no se separa de una vez? ¡Dios mío! Yo con mi carácter no podría aguantar diez minutos junto a una persona que me fuera antipática.

—Sí, lo mejor es divorciarse. Pronto pienso iniciar los trámites.

La conversación languidecía. Había menos intensidad luminosa en el patio. Balder sintió frío, permanecía de pie. Dos veces se negó a tomar asiento. Moviéndose, le parecía ser más dueño de sí mismo. Irene no hablaba. De brazos cruzados, apoyada en la cubierta del piano, observaba a Balder largamente con su mirada gatuna. La otra señora joven, junto a ella, cuchicheaba por momentos, y de pronto dijo:

—¿Por qué no le dice a la nena que toque el piano?

—No, no, que no toque —ordenó la señora—. Es muy tarde ya.

—Entonces, señora... su última palabra...

—No, absolutamente no. Mientras usted no esté en condiciones, no es posible que tenga relaciones con la nena. Por otra parte Irene es muy joven... tiene que estudiar todavía...

—Nada se opone a que siga estudiando teniendo relaciones conmigo.

—Primero que acabe su carrera. Después veremos.

La señora joven estalló en un romanticismo de película barata:

—¡Qué felicidad el día que se casen! Ya la veo a Irene en traje de novia, entrar a la iglesia de su brazo.

Sarcásticamente pensó Balder:

«Esta mujer es una burra. No se da cuenta que propone un sacrilegio. La Iglesia no admite el divorcio en el matrimonio consumado. Doctrina definida por los cánones 5, 6 y 8 del Concilio de Trento». Y contestó:
—La Iglesia no admite el divorcio, señora. El único que en realidad tolera es aquél que en Derecho Canónico se define como «quat thorum et abitationes», es decir separación en cuanto a habitaciones...

Irene, atravesando el cristal de los ojos de Balder con su mirada gatuna, parecía pensar:

«A este desvergonzado no le parece impropio pedir mi mano estando casado, y finge indignación a casarse por la Iglesia. Pero ya le ajustaremos las clavijas».

—Ésas son pavadas de cura —arguyó la señora joven.

—Mi hija no se ha de casar con quien a ellos se les ocurra, sino con quien yo disponga.

—Los curas predican una cosa y hacen otra.

—Dígamelo a mí que he conocido cada capellán del ejército que lo único que le faltaba... El difunto, me acuerdo, contaba cada cosa...

La conversación abarcaba matices de carácter íntimo. La viuda insistía en que Balder se sentara. Estanislao a su vez se impregnaba del oscurecimiento que advenía en el patio. Estaba cruzando una altura peligrosa. Comprendía que debía irse sin exigir ninguna contestación concreta. «Aquella gente era fácil. Posiblemente lo juzgaban un imbécil». Frecuentemente producía esa impresión en las personas que no dominaban el mecanismo psicológico del caviloso. Dijo tomando su perramus:

—Señora, me voy a retirar. He tenido mucho gusto en conocerla. Me voy orgulloso de saber que la mujer a quien quiero, tiene tan excelente madre. Comprendo sus escrúpulos y no me molestan. El día que usted me conozca me querrá a mí también, y entonces será para mí un orgullo, poder llamarla «mamá». Señora, desde hoy cuente con mi respetuosa obediencia. Haré lo que usted desee que haga.

La viuda le alargó la mano farfullando emocionada un «a sus órdenes, caballero», y Balder salió. Lo acompañaba Irene, Zulema había quedado en la sala y la jovencita tomándose del brazo de Estanislao murmuró:

—¿Viste? Mamá es muy buena. Yo creía que te iba a tratar mal, pero le causaste muy buena impresión. Me doy cuenta, querido. Tené un poco de paciencia. Seremos felices, muy felices. Vas a ver.

Ella lo impregnaba nuevamente de su temperatura ardiente como una fiebre. Balder murmuró vencido:

—No sé lo que he hecho. Lo único... la única verdad es ésta: que te quiero.

—¡Oh!, ya sé... ya sé...

Corriendo por la galería se les acercó Zulema.

—Estanislao... déme las gracias. La he podido convencer. La señora le permite que le escriba a la nena.

Balder inclinó la cabeza agradeciendo, al tiempo que pensaba:

«Antes de tres meses duermo en esta casa. No me equivocaba: para ellos soy un 'gilito'».

—¿Qué pensás, chiquito?...

—¿Podré verte mañana?...

Zulema repuso:

—Pero claro... véngase esta noche a cenar a casa.

—Sí, mañana a las tres.

Venció la dificultad de separarse de Irene, nuevamente se estrecharon las manos, Zulema volvió intencionadamente la cabeza, y Balder sintió que su beso se evaporaba sobre los labios de Irene como sobre una plancha candente. Y se dijo:

«Ahora no queda duda. He entrado al camino tenebroso y largo.»

Capítulo I. Antecedentes de un suceso singular

Una tarde, a mediados del año 1927, un joven se paseaba nerviosamente en la estación Retiro, junto a la muralla que limita el andén número uno.

Caminaba abstraído y excitado. De pronto se detuvo y contempló con cierto asombro las murallas, de las que, en progresivo alejamiento, se desprendían enrejados arcos de acero. A partir de cierta altura, comenzaba la bóveda de vidrio y la luz se enrarecía en los cristales como manchados de nicotina por el hollín de las locomotoras.

De parajes inlocalizables partían sonidos disonantes. Una bomba invisible, trajinaba incesantemente. Los ruidos sordos de los bultos al rodar por el andén se diferenciaban de los secos tintineos de los paragolpes, y como entre la cúpula negra de un bosque de acero, la luz recortada por tan numerosas viguetas tenía ligero tinte de mostaza.

El joven continuaba paseándose nerviosamente. Cuando más tarde trató de explicarse por qué motivos se encontraba en aquel lugar, no halló razón. Sabía que le había ocurrido algo sumamente desagradable, pero en qué consistía no pudo nunca recordarlo después de un incidente que más adelante narraremos.

Era un hombre de aspecto derrotado. Llevaba con abandono su traje de color gris, bastante arrugado. Sumábase a ello los botines ligeramente abarquillados y el cabello crecido irregularmente en la nuca y las sienes, falta de cuidados peluqueriles que caracteriza al hombre que se afeita en su casa. Además, era un poco cargado de espaldas, defecto que acentuaba el agobiamiento en que lo sumergían sus cavilaciones.

Bajo la cúpula encristalada iba y venía, tal como si tratara de descargar la fuerza nerviosa que amontonaba una enérgica expresión en su rostro. Por momentos, olvidado de su propósito, examinaba encuriosado el espectáculo moviente ante sus ojos.

Un tren se deslizaba por la curva que surgía tras de un edificio de tejas rojas, más allá del abovedamiento de la estación. Él movió la cabeza como si tratara de persuadirse de que tenía que seguir el mismo camino.

En aquella distancia, los semáforos se asemejaban a inmóviles instrumentos de tortura.

El joven parecía sordo al traqueteo ruidoso, constantemente renovado. Miraba ir y venir los trenes eléctricos, pero la fijeza de su mirada revelaba que su mecanismo de visión trabajaba en una vivisección interior.

De pronto, al levantar los ojos del suelo, encontró la mirada de una chiquilla fija en él. Era una colegiala. Blanco sombrero de anchas alas sombreaba una frente pálida, enmarcada por las muescas de sus rulos que caían a lo largo de su semblante un poco ancho, pálido y de ojos estriados de rayas grises y ligeramente amarillas, lo cual le daba cierta apariencia de expresión felina, «gatuna» como diría más tarde Balder.

Estanislao la envolvió en una ojeada, se encogió de hombros y continuó caminando. Al volver, la criatura, inmóvil, con la cartera suspendida de la correa de manera que ésta se apoyaba en sus rodillas, continuó examinándolo imperturbablemente.

Balder arrugó el ceño pensando:

—¡Qué criatura extraña, ésta!

Ahora, iba y venía casi inquieto. Aunque evitaba mirar en la dirección en que la jovencita se encontraba, «sentía» su mirada fija en él. Balder, de pronto, impacientado, se detuvo a algunos metros, y para obligarla a bajar la vista comenzó a observarla fijamente. Ella no desvió sus ojos, y él, al final, fastidiado giró sobre sí mismo. Posiblemente fue en aquel instante en que se olvidó para siempre del motivo por el cual se encontraba allí, en el andén número uno de la estación Retiro.

La colegiala no cambió de postura. Apoyada en un muro, con su mirada tranquila seguía el nervioso pasear de Balder. Estanislao permanecía estupefacto. No se mira un joven a los ojos sin apartar de él inmediatamente la mirada, salvo que en ese instante, dentro de la mujer que de tal modo procede, ocurra algún fenómeno psíquico de difícil explicación. Incluso la simpatía más súbita tiene su mecanismo lento y no puede recurrirse a la explicación de la desvergüenza, para permitirnos aclarar un estado emocional que únicamente entiende aquél que está sometido a él.

Balder se notó intranquilo. Permanecía irresoluto. La mirada de la jovencita se mantenía en ese equilibrio característico de los sonámbulos. Miraba a Balder como si la hubiera hipnotizado. Ni un solo asomo de pudor o temor, que es lo que aparece en las mujeres cuando se encuentran en presencia del hombre que les agrada.

Estanislao, para disimular su emoción, continuó caminando.

Más allá de la bóveda encristalada, el andén iluminado por el Sol se entreveía como una lámina de bronce. Tintineó una campana, graznó una sirena y con entrechoques de cadenas y rechinamientos de frenos se detuvo un tren eléctrico.

De las portezuelas se desprendieron racimos de personas. La gente pasaba con apagado roce de suela por el asfalto, algunos conducían bultos y otros ramos de flores. Las carteras de cartón imitando cuero golpeaban las piernas de los viajeros, y algunos galopines en alpargatas corrían entre el gentío. Súbitamente estalló un estampido como de aire comprimido y un chorro de vapor tras el convoy eléctrico envolvió un arco de acero en un surtidor blanco. Luego resonaron expansiones de vapor con intervalos cada vez menos espaciados. Adivinábase que una locomotora se había puesto en marcha.

Balder volvió la cabeza. La jovencita ya no estaba en su lugar. Giró consternado y la descubrió, recuadrada en un fondo de sombras mirándolo desde una ventanilla, con su mirada larga e indescifrable.

Casi contra su voluntad subió al vagón. El compartimiento ocupado por la colegiala era reducido. Las persianas tableteadas a medio levantar, los sillones de cuero con los respaldares al revés y la penumbra que allí reinaba, le causaron la impresión de encontrarse en el camarote de un transatlántico.

Irene entornó la cabeza, tranquila. Una fuerza resplandeciente remontaba la vida de Balder hasta las nubes. Dominado por su emoción se sentó frente a ella, pero la mirada de la jovencita absorbía tan rápidamente su voluntad, que olvidando las conveniencias que impone la educación, se acercó a la criatura y tomándole el mentón entre sus dedos en horqueta, exclamó:

—Amiga mía, ¡qué maravillosa es esta aventura!

Afortunadamente no había ningún pasajero en aquel coche, y ella en vez de rechazar su caricia lo contempló ahora sonriente. Su confianza parecía ilimitada.

Balder sentose a su lado, le tomó una mano, y mirándola con infinita dulzura a los ojos, preguntó:

—¿Va lejos usted?
—Hasta Tigre.
—Oh, la acompaño... claro que la acompaño —y vencido, con «pureza de intención» comenzó a acariciarle el cabello que le caía por sobre los hombros junto a la garganta.

De pronto crujieron los boggies, la trepidación de los motores se comunicó a los vagones, sacudiéronse los asientos, una bocanada de aire fresco penetró al compartimiento y la penumbra desapareció al entrar el convoy en la zona de Sol.

El vertiginoso traqueteo multiplicaba la embriaguez de su éxtasis.

Pasaban bajo puentes de semáforos, crujían las entrevías, una locomotora de vapor corrió durante dos segundos a la par del convoy, se amplió la amarilla playa de descarga y los bloqueaban filas grises de vagones de carga. Techos de dos aguas, rojos o al quitranados, se sucedían rápidamente. Un terraplén verde, paralelo a los rieles, ascendía cada vez más en su curva.

El viento entraba vertiginosamente, pasaron bajo un puente, y más allá de la rugosa costa apareció la cobriza llanura del río. Velámenes triangulares flotaban muy lejos, y la línea cobriza se cortó bruscamente en el plano perpendicular de una alameda.

Balder tenía la sensación de haber franqueado los límites del mundo. Se movía en una zona donde todos los actos eran posibles y lógicos. Allí se sancionaba el absurdo de acercarse a una desconocida y tomarla por la barbilla, sin que ella encontrara irrespetuoso aquel acto, y sin que aquel acto, por otra parte, despertara en él intenciones libidinosas.

Conversaban, pero sus voces se perdían en el estrépito de catástrofe que el convoy arrancaba, al pasar, a los enrejados puentes rojos. Árboles altísimos y verdes se reflejaban en las pupilas d$ Irene. El tren parecía deslizarse vertiginosamente sobre una prodigiosa altura. Abajo, entre los claros que dejaban las ramas, distinguían rectángulos morados de canchas de tenis, en una curva del camino apareció y desapareció una cabalgata, y el río a lo lejos parecía una plancha de cobre rizada por el viento.

Con las manos de la jovencita entre sus manos, Balder murmuró:
—¡Oh!, si la vida fuera siempre así, siempre así. ¿Cuántos años tiene, amiga mía?

—Dieciséis.

Callaron, embargados de su propia ventura.

La velocidad del tren les contagiaba potencia, no necesitaban hablar. A veces, una bandada de pájaros se desprendía a ras del suelo, un hombre regaba con una manguera una cancha de «basketball» y el camino de tierra se arqueaba entre manchas verdes sostenidas en su centro de tortuosos postes negros. Ellos sonreían. Apareció repentinamente una calle de suburbio, y la línea de granito fue absorbida por el plano oblicuo de las espaldas de los edificios que, a dos metros de los rieles, levantábanse grisadas. Descubrían interiores, sogas arqueadas bajo el peso de ropas lavadas, o criadas con los brazos desnudos fregando ventanas.

Más tarde, él diría:

«Me encontraba junto a Irene con el mismo sosiego maravilloso con que hubiera permanecido junto a una criatura a quien conociera desde la otra vida». Estanislao no recordaba lo que conversaron en el transcurso de treinta minutos que duró el viaje. Además, para él no tenía importancia lo que se decían. Su dicha real consistía en la presencia de aquella flamante criatura, que despertaba en él una sensación de gracia que rejuvenecía su alma reseca. Irene permanecía arrobada en su abandono, mirándole con tanta sencillez, que él, estremecido, solo atinaba a decirle:

—¡Oh, hermanita mía, hermanita mía!

Se detuvo el convoy y el vagón cerró el ancho de una calle con dos filas de árboles torcidos. Una frutera sentada frente a sus cestos, metía la cabeza entre dos hojas de diario abierto, una señora vestida de rosa cruzó la calzada, y varios hombres en guardapolvo, bajo el toldo de un bar esquinado, bebían cerveza a la orilla de mesas de hierro pintadas de amarillo.

Ululó un silbato. El tren se movió, sus avances eran cada vez más rápidos en los envíones de aceleración, desaparecieron las calles oblicuas y comenzó la desolada zona de murallas sin revocar. Un gasógeno rojo recortaba el cielo con barandilla circular; aquella zona era una prolongación proletaria del arrabal miserable, agrupando casitas en torno de altas chimeneas de hierro con engrapadas escalerillas metálicas. El tren resbalaba rápidamente en los rieles, y el paisaje, como las hojas de un libro volteadas apresuradamente, quedaba atrás. Unos tras otros, se sucedían los fondos de casas con higueras copudas, y a lo largo de la alambrada, varios chicos corrían hacia una hoguera que cubría considerable extensión de tierra de una acre neblina de humo.

Tras el edificio de una curtiembre con marcos de madera chapados de cuero, se arrastraba cenagoso el arroyo Medrano. A las calles pavimentadas de granito las substituyeron calzadas de asfalto y después franjas de tierra, y bruscamente dilatadas se ensancharon extensiones de campo verde. Tres torres altísimas formando triángulo recortaban lo azul con finos y piramidales bastidores metálicos.

Balder, pensativo junto a la jovencita absorbía el paisaje. Bienestar desconocido aplomaba su sensibilidad. Con otra mujer, posiblemente se comportara de distinta manera, pero esta criatura de dieciséis años, sencillamente entregada a la contemplación de sus ojos, en vez de irritar su sensibilidad la adormecía en una modorra mucho más dulce de experimentar que las explosiones del deseo. Irene no era una mujer, sino cierta íntima ilusión materializada. La jovencita se le antojaba vaporosa, y esta idea absurda tenía la virtud de impregnarlo de nobles sentimientos y arranques generosos.

Dijo, sorprendido de la claridad con que se expresaba:

—¡Oh!, si vos supieras... ¿Pero no te molesta que te tutee?... ¡todo me parece tan natural!...

Ella entrecerró los párpados sonriendo consintiendo que la tratara de «vos».

—...¡Cuántas veces he soñado con un acontecimiento semejante! Sí, igual a éste, hermanita... ¡Oh!, claro... no te rías... yo era consciente, perfectamente consciente de que mi sueño era un disparate irrealizable, al menos en Buenos Aires. Y el destino hace que se realice mi sueño, y del modo que yo deseaba... ¿Querés que te diga?, ¿no te vas a burlar de mí?..., bueno, yo creo que existen demonios que en ciertas circunstancias favorecen el anhelo del hombre...

—Usted estudia...

—No... soy ingeniero... pero qué tiene que ver la ingeniería con lo nuestro... Sí, hace tiempo que cavilo: existen demonios, no demonios en el sentido de lo que cree la gente, con cuernos y oliendo a azufre, sino como fuerza,

¿sabes?... serían fuerzas invisibles que de pronto colocan su atención en un ser humano, y dicen: «qué simpático, vamos a ayudarlo»... y lo ayudan...

Irene escuchaba sonriendo.

Calló y le besó apasionadamente la mano, sin que la jovencita opusiera resistencia. Luego miró al espacio. En esos momentos se prometía el paraíso. Frecuentemente el hombre se cree con capacidad para contener el infinito.

La suave criatura, sentada en un ángulo, permanecía apoyada contra la ventanilla, adormecida por el encanto que emanaba de sus sentidos.

Balder se apartó de ella y examinándola sorprendido como si la viera por primera vez en aquel instante, exclamó:

—¡Qué linda que sos!, ¡qué linda!... —y levantando una mano le tomó un rizo de cabello y se lo besó.

Sentíase tan dichoso del advenimiento de aquella aurora, que no percibía el movimiento del tren ni la fuga del paisaje. Sin poder retener su entusiasmo exclamó nuevamente:

—¡Oh!, si la vida fuera así para todos... ¿no te parece?... perdón, ¿no te molesto?...; y decíme, ¿no te canso con estas palabras?

—No, me gusta mucho oírlo hablar... hable... habla tan bien usted...

—Te juro que tutearte, acariciarte, me parece lo más natural. Sí. Frente a vos me gusta mostrarme puro e ingenuo como un animalito. Si me invitaras ahora mismo para un largo viaje, te acompañaría sin preguntarte dónde íbamos ni de qué viviríamos.

Y Balder no mentía. Su existencia perdía los patrones de egoísmo en presencia de aquella muchacha. La embriaguez que burbujeaba su felicidad allanaba dificultades, buscaba horizontes.

—¡Oh!, si la vida fuera así para todos... así... así.

Por momentos dejaba de mirar a la jovencita para entrecerrar los ojos y paladear el goce que lo bañaba como la luz que entraba de los campos al compartimiento. Comprendía que ya la adoraba para siempre, precisamente por la magnífica y quieta comodidad que ella le proporcionaba con su limpia mirada, alargada como se alargan los rayos solares entre las pestañas de las nubes, en ciertos días tormentosos.

—¡Oh!, pero vos no sos una mujer... no... sino una pequeña hada con cartera de colegiala y cuadernos de música, que ha condescendido a hacerse visible sobre la tierra, y por una sola tarde para mí... —y sin poderse contener le extendió la mano apretando la suya vigorosamente como si sellara algún pacto cuyas cláusulas no fuera necesario enunciar.

—¿Le gusta el paisaje?

—Sí... y esta tarde es muy bonita...

Los techos de tejas sucedían a primorosos huertos domésticos, el río rojo parecía empinarse en muralla hacia el horizonte, transversalmente se difumaban cordilleras de eucaliptos que, a medida que el convoy avanzaba, tomaban más altas y toscas, y la zona de tierras de cultivo con cañas entrecruzadas como armaduras de carpas comenzó nuevamente, se dilató por espacio de algunos minutos, hasta anularse en una explanada de terrones desbrozados, declinando en el alambrado de una casa con murallas alquitranadas.

De pronto Balder la tomó del brazo, luego aflojó los dedos y sin mirarla casi, murmuró:

—Posiblemente vos no me creas... la voy a tratar de usted... posiblemente usted no me crea... pero yo esperaba un encuentro como éste, desde la otra vida. Claro, es muy probable que la otra vida no exista, pero si la otra vida no existe, ¿por qué uno alberga convicciones tan absurdas? ¿No le parece absurdo? Ve... ahora me siento otra vez en disposición de tutearla. Decíme: ¿no te parece absurdo que un hombre que ha estudiado matemáticas y cálculo infinitesimal espere y desee, y tenga la seguridad que un buen día, en un tren, en una calle, en cualquier parte, se encontrará con una mujer... ella y él se miran y de pronto exclaman: «¡Oh, amado mío!...». ¿Por qué esto, Irene... podés decirme, criatura querida, el porqué de esto?

La pregunta respondía a una sensación dolorosa de su sensibilidad superexcitada por el placer. Prosiguió:

—Yo sé que estoy infringiendo todas las reglas de convivencia social al tutearte. Existe un protocolo y yo he prescindido instantáneamente de formas y protocolos. ¿Por qué? Quizá la necesidad de manifestarte mi fiesta interior... pero ante vos me gusta mostrarme como un pequeño animalito feliz... sí, eso, Irene: un pequeño animalito feliz de haber encontrado a su diosa.

Y tomándole las manos comenzó a besárselas. La calidez de su epidermis lo traspasaba, semejante a la temperatura de un horno.

Ella lo contempló enternecida, luego sus ojos se dirigieron al paisaje que complementaba con su silencio el ideal que ambos podían formarse acerca de una vida de satisfacciones fáciles.

Entre lo verde de los boscajes de sauces corría la orilla del río dividida en dos franjas paralelas, que sin confundirse, nunca, trazaban una lámina de plata y otra de cobre a lo largo de la costa.

Se distinguían recreos con pérgolas encaladas. Las estaciones, entre sus edificios rojos, encajonaban el férreo estrépito del tren que se multiplicaba al pasar sin detenerse. Chocaba el viento del convoy en otro tren de velocidad contraria, y durante un instante la suma de sonidos entremezclados adentraba una orquestación de tempestad en el repentino oscurecimiento que se producía en el vagón.

Balder contemplaba a la jovencita infinitamente agradecido. Al tiempo que le acariciaba el cabello con cierto temor de romper algo sumamente frágil, admiraba la mórbida sedosidad de su epidermis y el foso de sus ojos que por instantes parecían grises, y que sin embargo estaban estriados por una estrella de rayas amarillas y verdosas.

Irene permanecía tranquila y confiada sin rechazar su adoración. Lo miraba, y su sonrisa tenue aplastaba su deseo más y más cada vez, abismándolo en una profundidad oscura y dolorosa, como la cónica mordedura de un chancro.

Posiblemente la jovencita no percibía la alquimia vertiginosa que trasmudaba la vida de su acompañante, mas se daba cuenta que «ningún mal» podía provenirle de él.

La defensa femenina consiste en la percepción del daño que puede derivar de un hombre. Cuanto más intensa es semejante sensación, más dura también es la resistencia subconsciente de la mujer a dejarse traspasar por una amistad.

Irene sabía que de Balder no podía nacerle ninguna desdicha, y de allí que reposara confiada. Sus resistencias psíquicas estaban anuladas, y con ellas, por derivación, las orgánicas.

Observemos de paso que el fenómeno recíproco es curioso, porque si en Irene las resistencias de pudor estaban anuladas, en Balder el deseo permanecía tan descentrado, que prácticamente no existía. De modo que ni ella se defendía con un solo gesto, de sus caricias, ni en él estas caricias se injertaban en los lógicos caminos de la libídine. Balder, sin poder contenerse, exclamó:

—Créame... me siento más feliz que un salvaje al que le han regalado un fusil de chispa.

Y para descansar de emoción, comenzó a mirar el paisaje. Se sabía observado por ella, pero su mirada iba hacia los molinos que cada vez eran más frecuentes. Las ruedas de cinc giraban al viento. Se detuvo el tren eléctrico. Algunos pasajeros bajaron corriendo una escalera de peldaños de madera. Sonó un pito y nuevamente estaban en marcha.

Apareció una triste casa de dos pisos con balcones saledizos, esquinada, a la terminación de la estación; luego fincas flamantes. Toldos extendidos frente a los patios o sobre las vidriadas mamparas movían la imaginación hacia interiores sombrosos. Uno tras otro se sucedían los pueblos apacibles. Los cavadores encorvados en medio del camino paleaban greda. A lo lejos brilló la vidriada techumbre de un invernadero, y los cultivos de hortalizas mostraban sus declives de verde claro y planos verde-berro. Chalets de dos colores, con base roja y blanca y parte alta vinosa. Algunos automóviles charolados y empolvados esperaban frente a una barraca, y tres vecinos en saco pijama conversaban junto a una vidriera con letras doradas.

—¿En qué año está de piano...?

—Quinto...

—¡Ah! Así que usted es una chica aplicada... perdón... ¿quinto año?... es toda una profesora... pero dígame... ¿le agrado yo?

—Sí, usted...

—¿De veras...?

—Sí, no he conocido nunca una persona como usted...

—¡Qué buena que es usted! Oiga... Si yo me he tomado la libertad de acariciarla es porque agasajaba algo que me pertenecía por derecho de tantos años de espera y ansiedad. ¡Ah!, si usted supiera cómo he vivido. Para mí lo monstruoso sería no acariciarte, no besarte las manos o los rizos de tu querido cabello. Estoy a tu lado como junto al bien recuperado. Si Adán cuando perdió el Paraíso, hubiera podido entrar nuevamente a él, estoy seguro que hubiera acariciado a los árboles perdidos y tan familiares, con la misma ternura con que yo he tomado tus manos. Y si ahora te parece que hablo bien, no lo creas. Yo no hablo nunca así. Es posible que la emoción influya en las palabras; yo soy un hombre silencioso; sin embargo a tu lado, hablaría, cuánto hablaría... toda expresión hermosa me parece insuficiente para adornarte.

—¿Tuvo muchas novias usted...?

—Sí... he conocido a varias mujeres... no es usted la primera... pero vea... en las mejores que he conocido he descubierto matices... esos no sé qué, que instantáneamente me encogían la sensibilidad. Mire, me da vergüenza hablar tan bien con usted... pero ellas eran ángulos, por decir así, que rayaban mi éxtasis. Usted no. Me parece que hace una enormidad de tiempo que la conozco.

Y en efecto, Irene era tan familiar a las costumbres de sus pensamientos que, quizá por tal motivo, no despertaba en él ninguna intención de orden inferior. Se bañaba en la temperatura que irradiaba la jovencita, como una esponja en la superficie de un mar tropical. Su dulzura quieta impregnaba su masa humana, la mecía y él flotaba allí con inercia. Posiblemente con la misma inercia con que se deja mecer una criatura en el regazo de su madre. Y trató de explicarse:

—¿Sabe usted por qué le he besado las manos? Porque ese acto indica vasallaje, humildad. Si le he acariciado el cabello, es porque ese acto indica adoración, temor de romper algo que es sumamente frágil, si la he tomado del mentón, es porque ese gesto indica contenteza paterna, porque solo un padre que tiene el corazón limpio de malos pensamientos, puede tomar con semejante ternura la barbilla de su hija.

Se embriagaba con el alcohol de sus propias palabras. Los ojos le resplandecían. En la tarde soleada, más allá del confín angular por efecto de la velocidad del tren, su devoción no encontraba palabras que expresaran la intensidad de su recogimiento. Deseaba tenderse como un lebrel a los pies de la muchacha. En otros momentos sentía tentaciones de pedirle la gracia de adorarla con la cara apoyada en sus rodillas. Ella suscitaba en él sentimientos relacionados con actitudes extáticas, que tenían el efecto de maravillar su franja de cinismo. ¿No era acaso curioso este doble fenómeno de ingenuidad en un hombre que hacía muchos años que estaba casado? Pero Balder, en aquellos instantes, se olvidó por completo de su esposa. Estaba solo en el mundo, desligado de todos, y su asombro se mezclaba a la extrañeza que le producía el paisaje, reiterándole la sensación de viaje a lo desconocido. Comenzaban otra vez los barrios pobres. Desde la ventanilla miraban ambos una muralla de ligustros recortados, que encajonaban por ambos costados los rieles. Pinos y eucaliptos empenachaban transversalmente la distancia. De pronto, la curva de los rieles se acentuó y una mancha de Sol amarillo cayó sobre el regazo de seda blanca de Irene, mientras Balder pensaba:

—Ella tiene sexo... sexo como otras mujeres.

Le parecía absurdo y simultáneamente lo sobrecogía la diversidad de sus sentimientos. Dudaba de la felicidad, no se creía con derecho a esta dicha.

El convoy se detuvo en Victoria. ¡Qué rápidamente pasaba el tiempo! Chapas celestes y blancas de anuncios comerciales, blindaban el encalado frente de la estación. Dos hombres apoyados de espaldas en la cortina metálica de un almacén, miraban un potrero de maíz. Una callejuela se perdía oblicua, y en la proximidad de su vértice, se recortaba un letrero azul y rojo, publicidad de una película.

Dos viejas con un paraguas negro cruzaron bajo el Sol por un senderito; resonó la expansión del aire comprimido en los frenos, y se repitieron las murallas de ladrillos sin revocar, los jardincitos tostados por el Sol y una calle estrecha, profunda y adoquinada, empinándose hacia el horizonte, parecía conducir a una ciudad que debía estar muy alta sobre el nivel del mar.

Llegaban a San Fernando.

Irene le dijo:

—El jueves volveré. Espéreme donde nos hemos visto hoy. Váyase por si viene algún conocido.

Balder murmuró algunas palabras en su oído. Ella vaciló un instante, y luego dijo:

—Bueno, mañana a la noche, a las ocho, lo espero. Estaré en la puerta de casa.

Le estrechó las manos. Se apartó de Irene. Vacilando entró a otro coche, y al sentarse distinguió dos torres rojas por encima de una línea de balaustradas y techumbres en desnivel.

Derruidas tapias de ladrillos se interrumpían en potreros aislados. A veces un galpón de cinc cortaba la perspectiva de callejuelas de fango negro, mordido por las ruedas de los carros cuya parte trasera se perdía entre cañaverales, con las varas en alto. Algunos caballos movían la cola amarrados a un poste. Los vagones se inclinaron hada la izquierda, luego se enderezaron, y aparecieron algunas barcas de toldillas enfundadas en lona blanca.

Bajó al andén. Las piernas le temblaban. Irene, inclinando ligeramente un hombro, caminaba frente a él con cierta laxitud voluptuosa.

Un carruaje se encaminó hada Balder, que rechazó al cochero. Sus ojos tropezaron en un letrero de madera pintado de azul lejía. Ella iba veinte metros adelante. Fragmentadas sombras de acacias caían en las veredas, y los tenderos, en mangas de camisa en los umbrales de sus comercios, los miraban pasar. Irene saludó a varias personas.

—Es antigua de esta ciudad —pensó Balder.

Nuevas sensaciones lo atravesaban fugazmente. Miraba con interés afectuoso los salones de los establecimientos, cuya profunda y sombrosa frescura incitaba a entrar. Dependientes de pelo rizado desplegaban rollos de tela ante señoras de sombrero sentadas frente a los mostradores. Nuevamente le pareció encontrarse lejos, en una ciudad muy alta sobre el nivel del mar.

Irene volvió la cabeza para mirarlo, él le agradeció con una sonrisa, y dos hombres cetrinos y bigotudos que conversaban ante una escribanía, dejaron de hablar para examinarlo disimuladamente. Balder repartía la atención en numerosos detalles que halagaban a sus sentidos con cierta rústica novedad.

Una tienda de frente chato ofrecía su pared cubierta de guardapolvos blancos, pantalones grises y batones rosas. De una cigarrería escapaban voces de disputa. Irene dobló en la calle Montes de Oca después de cerciorarse con una rápida mirada de que Balder la seguía.

La callejuela adoquinada se prolongaba entre bardales muy elevados y casas con persianas rigurosamente cerradas. Algunos patios de ladrillos mojados dejaban escapar una ráfaga de frescura húmeda mezclada con aroma a orégano y desde lejos se escuchaba la somnolienta música de una radio taladrada a veces por el agudo canto de un gallo.

Irene dobló hada el norte.

La anchurosa calle de granito ascendía hacia el cielo, flanqueada por altos postes telegráficos pintados de gris; las veredas eran mitad de mosaico, junto a las fachadas, y de tierra con pasto a lo largo del cordón de granito. Irene, después de volver la cabeza y saludarlo con la mano moviendo los dedos, deteniéndose un instante en la puerta entró a una casa con jardín enverjado, construida al lado de otra con «balcones a la calle».

Balder permaneció algunos minutos parado en la esquina, irresoluto por completo. Un grupo de chicos sentados en la puerta de un comercio, lo observaba. Entonces, echó a caminar lentamente y la inmensa apacibilidad del pueblo entró en su corazón.

La calle parecía importante comercialmente.

Se veían sastres con las piernas cruzadas, junto a los umbrales, hilvanando prendas negras; un portal de arco, con una puerta de lanzas de hierro, defendía la entrada a un patio enladrillado de baldosas rojas entre un hotel y una ferretería, y en el aire flotaba sabroso olor a pan cocido.

Una negruzca chica gorda y descalza pasó silbando estruendosamente, y las fachadas bajas aparecían encaladas de rosa, crema o azul, mientras que todas las puertas de madera roídas por la intemperie, estaban barnizadas de rojo o marrón. Una ráfaga de viento trajo un tufo de agua en descomposición, y Balder se sonó las narices.

Los comercios esquinados tenían balconcitos de hierro oxidado, cuyas enrolladas cortinas de paja permitían ver las estanterías barnizadas y los techos de tejuelas encaladas, soportados por gruesas vigas de pinotea.

En la franja de pasto de una vereda, había algunas barricas vacías con cajas de cartón encimadas. Al pasar el viento movía las hojas de los árboles y los vértices de los carteles de propaganda, semidespegados de las paredes desconchadas. Un foco eléctrico, con una pantalla de porcelana en la que se leía en letras negras «Taller Mecánico», se balanceaba frente a una puerta con vidrierita lateral. Balder, sumamente fatigado, dobló la esquina, caminó unos pasos y entró en un café.

Era un ancho salón embaldosado de mosaico negros y blancos y cielo raso de madera pintado color plomo. Las paredes divididas en paneles amarillos con pintas rojas, recuadrados por losanges violetas. El zócalo negro y el friso blanco se interrumpían en una ventanilla enrejada por la cual se veía el techo de un gallinero.

Balder pensó:

«En estos momentos ella estará tomando café con leche».

Una modorra extraordinaria se disolvía en sus sentidos. Pagó. Un tren estaba detenido. Cruzó corriendo la calle; el convoy se puso en marcha, pero alcanzó a trepar por la última portezuela. Se dejó caer en un asiento arrinconado y cerró los ojos.

Su felicidad, incierta como un paisaje de neblina, solicitaba un sueño profundo. Se adormeció.

El fuego se apaga

Balder volvió al día siguiente. Al cruzar frente a la casa enverjada vio que, aguardando a alguien vuelta oblicuamente en la oscuridad de la puerta cancel, había una señora enlutada. Aunque pasó rápidamente, no dejó de observar a la señora, cuyos cabellos blancos contrastaban con la viveza insolente de sus ojos negros.

Esta impresión se borró en él casi inmediatamente de haberla percibido. Más tarde la recordó.

Decepcionado de no encontrarla a Irene y para no llamar la atención en el barrio, volvió a Buenos Aires.

Conjeturó que el entusiasmo de la jovencita, transitorio posiblemente, se había apagado; Irene había reaccionado o temía el desenlace de la aventura. Se reprochó a sí mismo pecar de excesivamente ingenuo, pero el día jueves, al ir a esperarla a Retiro su intranquilidad renovada esquivó el mal recuerdo. Al entrar con el corazón tembloroso al andén número uno, la bóveda de acero y cristal le pareció el hangar de un zepelín.

En el paraje solitario se paseaba un limpiabotas con plumero, dos o tres peatones con engrasado traje de mecánico se movían en torno de los paragolpes hidráulicos que parecían cañones de campaña niquelados, y un vendedor de dulces se depilaba la nariz junto a su vitrina portátil.

Balder espiaba impaciente la distancia. Más allá de los semáforos unos hombres cruzaban las entrevías. La impaciencia latía acompasadamente en su corazón. Se dijo muchas veces: «no te inquietes que ya va a llegar». Se colocó en el borde del andén. Los rieles, cintas de plata de bordes carcomidos, se prolongaban hasta una distancia que interrumpía una oblicua muralla de vagones de carga. Su frenesí crecía insensiblemente llegándole a la garganta. Aunque eran las dos de la tarde, bajo la bóveda amarillenta de hollín parecían las cuatro. Luego se dijo que no la vería más, pero inmediatamente substituyó este pensamiento por otro de que era muy posible que Irene, apoyada dulcemente en un rincón del vagón, cruzara frente a Belgrano. Súbitamente en el confín apareció un cajón rojizo de techo curvado. Resonó un trueno sordo. Era el tren que llegaba de Tigre. Algunas personas aparecieron paradas en los estribos, el convoy se detuvo y echaron a correr. Imposible buscar a nadie en el bullicio de la multitud. Los vestidos rosas substituían a los negros, se veían cuellos verdes y de pintas rojas, los rostros pasaban ante él con la prisa de un filme. Tras de un mandadero que soportaba una cesta en la cabeza, apareció Irene. Su cartera de colegiala le golpeaba las rodillas, sobre el vestido de seda blanca.

Se acercó a ella para estrecharle la mano. Todo ocurrió en un minuto y sin embargo ese minuto había sido tan largo, que ahora le parecía mentira que ella estuviera mirándolo profundamente a los ojos. Le estrechó la mano, él inclinaba su rostro sobre el hombro de Irene, y caminando sé encontraron en la vereda de la estación, frente a la torre roja de los Ingleses. Irene exclamó:

—Allí está mi tranvía —cruzaron corriendo la calzada, treparon al vehículo en marcha y Balder, sentándose a su lado, exclamó:

—Creí que no vendría.

—¡Oh, no!, vengo todos los jueves a Buenos Aires —y sonrió como diciéndole si podía creer en tal imposible.

Balder continuó:

—La otra noche estuve en el Tigre, pero no la vi... ¿Quién era esa señora que estaba en la puerta de su casa?

—Mamá... me estaba esperando. Resulta que tuve que darle una clase de música a una señora casada de quien soy amiga, y se me hizo tarde.

Estanislao no pudo evitar un gesto de extrañeza, ante semejante amistad entre una jovencita de dieciséis años y «una señora casada», mas no hizo hincapié en el asunto. Se limitó a comentar:

—Así que ya le saca provecho a la profesión...

—No... tengo varios alumnos... pero no les cobro... Vienen a casa porque tengo piano.

Tal muestra de generosidad le pareció pequeña exposición de otras prendas más bellas que debían adornarle el alma. Dijo: «¡Usted es muy buena!», y quedó mirándola con cierto recogimiento.

El tranvía trepó una rampa. Frente a la puerta de la plataforma avanzaba un boscaje verde plata. Por otra calle transversal y estrecha venía un autobús, y en oposición a la curva de los rieles apareció una plaza con canteros prolijos y criadas en los bancos soleados. Inmediatamente comenzaron los escaparates del pequeño comercio.

Un viento fresco removía los rulos de Irene en torno de su garganta. El Sol castigaba las fachadas color piedra, y en algunas puertas se veían placas de mármol negro, cuyas letras de oro anunciaban «maisones» elegantes.

Le hablaba en voz baja. Ella, para escucharlo, entornaba los ojos y movía comprensivamente la cabeza, y cuando Balder levantaba la vista, tropezaba con criados de pantalón negro y saco blanco en la puerta de moradas de tres pisos. Le preguntó si iba lejos. Ella respondió:

—Tenemos que bajar al mil quinientos de Cangallo.

Y Balder se abandonó a la temperatura que emanaba de Irene, mientras que la mirada de sus ojos de estrías verdes y amarillas estaban como retardando su respiración.

El tranvía trepidando en los cambios de rieles, dobló en Arenales y siguió por Talcahuano. Ocupaban los espacios libres de calles hileras de automóviles particulares. Ringlas de bicicletas permanecían apoyadas por los manubrios en las vidrieras de lujosas despensas. En el interior de los garajes se distinguían ruedas de chóferes uniformados como lacayos, y el tranvía circulaba entre la doble fachada verde oscuro de un mercado con arcos y verjas. Olor de verduras fermentadas flotaba en el aire, las moscas se arracimaban sobre los caballos de las jardineras, y Balder no sabiendo qué conversar con Irene le preguntó por su familia:

—Papá ha muerto...

—¡Ah, sí! —exclamó, tratando de mostrarse condolido, sin saber por qué la noticia le alegraba inciertamente.

—Sí, era teniente coronel. Murió hace cuatro años...

—¿Tiene hermanos...?

—Sí, dos hermanos y una hermana.

—¿Se llevan bien ustedes...?
—Sí...
—¿Tuvo novio usted...?
—Sí...
—¡Ah! ¿tuvo novio?...
—Sí, pero cortamos... y aunque he querido olvidarlo no he podido.

Él aventuró algunas frases que se le antojaron como productos de experiencia y que no dejaban de ser banalidades; incluso dijo aquello de que «un clavo saca otro», y cuando levantó la cabeza, encima de los árboles de una plaza distinguió el edificio color ceniza del teatro Colón. El Sol castigaba su frontispicio de finas rayas, y a la sombra del Palacio de Justicia, a los costados de las pesadas columnas cartaginesas, en las altas gradinatas conversaban grupos de señores correctamente vestidos, con bastones en una mano y mamotretos en otra.

Se estrechó la calle, el tranvía marchaba a ras de la vereda, las vidrieras de los comercios se podían tocar extendiendo las manos y en las esquinas grupos de transeúntes aguardaban su vehículo.

Irene se mostraba más dueña de sí misma, e incluso Balder se hubiera atrevido a jurar que le observaba con malicia burlona desde el fondo de sus ojos. La atmósfera de irrealidad que respiraran la tarde anterior se había desvanecido. Comprobó con tristeza que ella parecía ajena a él, y Balder permaneció apaciguado, con cierto desaliento de carbón que añora el fuego que puede consumirlo.

Los toldos extendíanse frente a las fruterías y los establecimientos de libros. Cuando el tranvía se detenía, podían escudriñar los interiores de los comercios, y ya se veía un hombre, envuelto el pecho y parte del rostro en una nube de vapor que escapaba de una máquina de planchar sombreros, o a un paleto con las manos en las caderas mirando embobado una araña metálica de segunda mano, frente a una mujer gorda que ensalzaba particularidades del artefacto.

El tranvía rebotaba en los rieles. Estaban en una calle en reparación.

—Aquí es —dijo Irene; y descendieron.

No sabía si tomarla o no del brazo. «Mire aquel pájaro» —dijo señalándole un jilguero blanco en una jaula alta. Los balcones de los primeros y segundos pisos se sucedían interminablemente con escasa diferencia de nivel. En algunas macetas vegetaban arbustos y enredaderas. En otros, las puertas entreabiertas dejaban ver un ángulo de mesa, un cesto de bordado o un maniquí rojos con prendas de vestir.

—Estamos cerca —dijo Irene—. Es en Rivadavia. Se nos ha hecho tarde.

Su voz tranquila parecía animada de la alegría de «llegar por fin».

Irene caminaba como desganada. El gran sueño, no cabía duda, se había disuelto en la nada, y Balder trataba de mostrarse prudente, para que la jovencita le perdonara la embriaguez que la otra tarde suscitara en ella. Quizá nacían en el interior de Irene las resistencias al mal que de Balder podía venirle. No quedaba duda que sus defensas actuaban normalmente.

Apresuró el paso. A veces se encontraban con parejas, y ambas mujeres y los dos hombres se examinaban tratando de intuir cada uno el placer que recibía el otro de su compañía. Un martilleo opaco partía del taller de un hojalatero, y cierto perfume de pastas dulces se entremezcló con una vaharada de ácido muriático.

Las fachadas se hicieron más oscuras y altas, después apareció una explanada de asfalto soleado. Irene le dijo: «Hasta luego» —y en algunos metros más allá del mil quinientos de Rivadavia, entró a una casa con portal elevado y combado vidrio blanco en la banderola. Estanislao pasó cuando ella, inclinado el rostro, y sin verlo, cerraba la manilla de una segunda puerta en lo alto de una escalera de mármol. Balder volvió. Un gato gris dormitaba en el centro del umbral de una librería. Vaciló, giró sobre sí mismo y para esperarla, sentose a la mesa de un café. Sentíase enervado, la presencia de esa muchacha le aplastaba los nervios como un brebaje de láudano y «para asegurar su conquista» le pidió al mozo papel y tinta. Se puso a escribirle una carta de amor. Se la entregaría cuando ella saliera.

Después de cavilar un instante, redactó dos carillas de amor mentiroso, «destinadas a excitar la imaginación de la jovencita y sus vulgares sentimientos de chica de familia». Incluso le decía que «se imaginaba él y ella, cuando fueran ancianitos, rodeados de muchos hijos». Esto es simplemente repugnante y absurdo. Balder, además de encontrarse casado, no quería hijos, y por otra parte, no sentía ningún apego a la vida del hogar. Sentíase llamado a destinos más altos, pero en esta circunstancia procedió como un jugador, matiz que entraba en su temperamento, tratando trabajosamente que el estilo de la carta fuera lo suficiente estúpido como convenía a la mentalidad que revelaba Irene.

Al salir del conservatorio, la jovencita recibió con sorprendida alegría su carta. ¿Él le había escrito? ¡Qué bueno! ¿Por qué se molestó? La leería en el tren, si podía le rogaba no se incomodara en acompañarla. Era muy posible que su mamá la esperara en Retiro, «pues vino de compras al centro». En efecto, se mostraba singularmente inquieto cuando a la distancia veía una mujer de edad, cuya estatura confundía con la de su madre.

Se despidieron poco antes de llegar a la estación, y Balder, al llegar a su casa, buscó entre sus papeles y algunas cartas que otra novia le había devuelto y copió íntegras dos epístolas apasionadas, que le entregó a Irene en su tercer encuentro. La pereza sentimental había sucedido al primer deslumbramiento pasional.

Cierto es que Irene nada hacía de su parte para remediar la decadencia que se filtraba en sus relaciones. Escuchaba a Balder con carita aburrida, casi impaciente de tener que soportar la lata de un hombre cabelludo, con zapatos abarquillados y sonrisa maliciosa.

Aparentemente, la conducta de Balder se presta para ser clasificada como actitud cínica de un desenamorado que trata de engañar a una joven inexperta. Cuando el cronista de esta historia le pidió explicación de su conducta, Balder replicó:

—Copié esa carta, porque a pesar de necesitarla a Irene, era indispensable que le dijera alguna mentira amorosa, y no tenía voluntad de escribirle. Pensar en ella me producía instantáneamente cierta pereza enorme, un desgano inexplicable. Quería estar cerca y lejos de su persona, me agradaba y me desagradaba. Instintivamente, pero de una forma vaga, barruntaba que me convenía alejarme, y me faltaba carácter para tomar esta resolución.

Pereza... desgano... ¿qué otro sentimiento que miedo pueden encubrir estas palabras, auténtico miedo de un hombre a entablar una batalla definitiva para su vida?

¿Y quién dirige este juego del miedo o la prudencia? ¿La inteligencia o el alma?

Si escribimos inteligencia y dejamos en pie el alma (entendiendo por alma el instinto accionado contra todas las leyes de la lógica vulgar), el problema se completa tan extraordinariamente que hay que inventar las hipótesis más contradictorias para certificar un final que fue extraordinario.

¿El instinto entonces?, ¿el alma?

Deber de cronista es exponer hechos, no hipótesis.

Balder e Irene se vieron aun dos o tres veces. De estos encuentros le quedó a Estanislao el recuerdo de una criatura sumamente silenciosa y terca, que lo examinaba detenidamente sin fatigarse. Nunca oponía objeción alguna a sus reflexiones.

Luego la jovencita no concurrió a la Academia. Estanislao la esperó algunas semanas con ansiedad. Los días que ella debía acudir al Conservatorio, la aguardaba en un café establecido a la media cuadra. Balder amaba este camino.

Bajaba en la estación Congreso del subterráneo, tomaba por la acera izquierda de Rivadavia, encaminándose hacia Montevideo. La vereda ancha y suda de papeles y sombreada por los entoldados de las chocolaterías, estaba obstaculizada por filas de mesas vidriadas con ruedas de chóferes. De algunos edificios recién terminados escapaba un áspero relente de aguarrás. Toldos anaranjados sombreaban altos ventanales de escritorios, abundaban los talleres de vulcanización envueltos en constante atmósfera de caucho recocido, y en la plaza del Congreso, con elevadas macetas verde cobre en pilares artísticos, los bancos negreaban de desocupados.

Balder caminaba despacio.

Entre los edificios de planta baja, aislados, reptaban el espacio los de diez y quince pisos, rematados en poligonales torrecillas de pizarra, buidas de pararrayos. Balder se ubicaba en la mesa veredera de un café establecido treinta metros antes de llegar al Conservatorio. La vereda abundaba de hojas secas. Las conversaciones de los parroquianos de gorra le llegaba como un murmullo donde resaltaban aisladas las vocales. Media calle permanecía en la sombra, y otra media franjeada de Sol. Sobre el abanico verde de los árboles se desprendía el relieve de las rojas columnas de alumbrado, con triples campanas de porcelana en triángulo. En ciertos espacios de la calzada, filas de autos de diversos colores permanecían estacionados, y Balder alargaba el pescuezo cada vez que veía entrar a una joven al portal del Conservatorio, que a veces no era el del Conservatorio, sino aquel de la librería.

Conoció las costumbres de los vecinos de aquel trecho de calle; el vendedor de cigarrillos, de perfil cesáreo, con su cajón marrón adosado al muro verde de una tienda. Era tan perezoso que sus clientes debían sacar por sí mismos los cigarrillos de los anaqueles, y el lustrabotas de junto al café que exhibía el técnico perfil de un orangután.

Algún parroquiano se dormía en la mesa de la vereda. Balder ilusionábase de encontrarse en un boulevard de París, saboreando cierto encanto al contemplar las fachadas de construcción moderna con relieves rayados de canales y paneles blancos, decorados escuetamente por el escaso perfil de un balconcito de hierro negro.

Las gentes de la vecindad, en cuerpo de camisa o con sacos blancos, conversaban en las puertas de los negocios. A veces, un automóvil en su brusca frenada, ponía en la bocacalle un grito de hombre de goma despanzurrado; de una mueblería próxima dos proletarios sacaban, sosteniéndolo por las puntas, un ropero de lunas invertido, y el tiempo pasaba sin que Irene apareciera.

La decepción crecía en él y su rostro se alargaba, mientras que el mozo vestido de negro y con una servilleta sucia en el antebrazo, se le acercaba contando unas monedas en la palma de la mano para decirle con un tono de voz que se le antojaba denigrante:

—¿Ha llamado el señor?

Pagaba, marchándose amargado. No la vería nunca y el más lindo sueño de su vida habría naufragado.

Se creía inmensamente desdichado. Luego pensó con alegría que era preferible esa inútil espera al vacío que sobrellevaba antes de conocerla, y con espalda encorvada y las manos sepultadas en los bolsillos, se perdía por alguna calle transversal, caminando a lo largo del cordón de la vereda.

Lo más sensato hubiera sido que cualquier atardecer, tomando el tren, se encaminara al Tigre. Pero no, la aguardaba allí, en el lugar donde sabía subconscientemente que ella no aparecía, como si tratara de disculparse ante un testigo invisible.

—Yo fui a esperarla, pero ella no vino.

Un día no la esperó, y más tarde recordó que se dijo:

—Es mejor que haya pasado esto, porque esa muchacha me iba a complicar la vida.

Esas palabras quedaron estampadas en relieve en el plano de su conciencia. Cuando alguna vez recordaba a Irene, le bastaba apelar a esta reflexión, para consolarse. El tiempo en tanto pasaba en todos los almanaques del mundo.

Capítulo II. La vida gris

Por más apego que se tenga a la concepción materialista de la existencia, no puede menos de asombrar, a veces, la variedad de contradicciones que pone en funcionamiento, en el mecanismo psicológico del hombre, la monotonía gris de la ciudad. El individuo, en algunas circunstancias, se afina hacia extrañas direcciones mentales con tal tenuidad, que llega a dudarse si, con exclusión de la materia, no existe un espíritu sutil, actuando respecto a los sentidos de percepción inmediata, como un detector de acontecimientos futuros.

En Balder, después de alejarse de Irene, desglosamos tres estados de conciencia: Deslumbramiento irreal, angélico; repentino oscurecimiento de la llamada pasional, y finalmente un resignado cavilar que busca de tranquilizarse apelando a un vaticinio:

—Es mejor, que haya pasado esto, porque esa muchacha me iba a complicar la vida.

Tamizándolos con lógica materialista, semejantes estados de ánimo reflejan incongruencia y debilidad de espíritu.

¿Por qué a Estanislao le iba a perturbar la vida una muchacha, quien las tres últimas veces que vio lo dejó indiferente, al punto que para escribirle tuvo que plagiarse y acumular en las cartas mentiras grotescas?

Y si le era indiferente, ¿por qué huía de ella?

Balder, respecto al drama de su vida, me ha hecho confidencias extraordinarias. Ellas reflejan aspectos singulares y repugnantes de su personalidad, mas como he resuelto consignar imparcialmente la madeja de su vida interior, no me detendré en embellecer al personaje. El hombre, en cualquier extremo de la pasión, es un espectáculo extraordinario, si sus confesiones permiten delinear la estructura de la misma.

Cuatro meses después de lo narrado en el primer capítulo llegaron las fiestas de Carnaval. Balder las aguardaba con sumo interés, estaba seguro que Irene concurriría al corso del Tigre.

Imaginaba la dicha del encuentro. Él avanzaba por la calzada bajo arcos de luces, rompiendo cortinas de serpentinas. De pronto, quedaba inmóvil. Ella estaba allí, mirándolo bajo los focos dorados, con ojos desencajados.

Vinieron las noches de corso. Se arrinconó junto a una mesa de café. Con mirada somnolienta observaba las patrullas de forajidos que, en fila india, con los brazos desnudos y el pecho velludo al aire, hundían al socaire la mano en los traseros de las criadas parranderas. Las ruedas de los carros, forradas de percalina roja o azul, giraban ante sus ojos. Un tumulto infernal, bajo arcos de luces rojas o verdes, se desarrollaba con las combas de las serpentinas, y Balder la imaginaba a Irene, en un palco del Tigre, apoyada de codos en la barandilla. Estaría disfrazada de holandesa, pavo real o española. Y así pasó la primera noche.

Indignado contra sí mismo se juró ir al día siguiente. Promesa que, como otras de sus actitudes, no llevaba más finalidad que tranquilizar su conciencia.

Llegó la segunda noche. Se compadeció en la figura del albañil o de la lavandera con un niño semidormido en los brazos, a quien habían llevado a «ver el corso». En algunos palcos, los novios con un ramo de flores en la mano y jovencitas inclinadas sobre la baranda verde, conversaban olvidados del tumulto. De pronto, multicolor lluvia de papel picado combaba un torbellino bajo los focos, y caía sobre ellos, que despertaban sonriendo de su sueño. Balder pensaba que bien podía encontrarse en esa posición, en el ángulo de un palco del corso del Tigre, con Irene a tres pies sobre él, inclinando la cabeza.

A las once de la noche se dijo que era absurdo emprender un viaje de treinta minutos de tren, para concurrir a un corso que terminaría a la hora de él haber llegado. Por otra parte, no debía consternarse de perder la noche, ya que disponía de otros dos días de fiesta.

«Eso sí, iría sin falta». Luego volvió a jurarse internamente que «no pasaría este año sin ir».

Pero esa noche tampoco fue. Claro que iría «al día siguiente». Mas llegó el día siguiente; bajo las cúpulas de seda roja o de percal dorado, sonrió irrisoriamente a las muchachas disfrazadas de mucamas y pierrots en un carro de propaganda comercial.

Algunas, al pasar, le arrojaban flores marchitas que ya habían estado en muchas manos y, como otros tantos buenos hombres, se regocijó al contemplar el eterno bruto, enfundado en traje de arpillera, con trompuda cabeza de oso y conducido con una cadena, por un pillete que atropellaba, entre la algazara general, a los transeúntes prudentes.

Lo aturdían los cencerros zamarreados por brigadas de verduleros en fiesta, los gritos histéricos de aprendizas enfiladas en el borde de la capota de un automóvil, el tintineo cristalino de las campanillas de los carruajes particulares, y las cintas de papel rojo, verde y amarillo se entrecruzaban en ciertos momentos en el espacio, como una nevada de color arremolinada por el viento.

Las horas pasaban. Una neblina luminosa cubría el espacio, en el relieve de los rostros fatigados se derretían afeites y yesos, los caballos de policía montada, cabeceando las bridas, avanzaban entre hileras de carruajes moviendo las ancas como si se abrieran paso con los flancos entre una multitud invisible. De pronto, una brisa de aire fresco despejaba la negrura taladrada de mil dardos luminosos y en las bocacalles libres los vehículos aceleraban su velocidad.

Y esa noche tampoco fue.

Reaparecía en Balder un desgano antiguo. Esta pereza invencible que podía quebrantar cualquier cocinera disfrazada de odalisca, entraba en acción y lo petrificaba cuando trataba de trasladarse al Tigre.

Nos recuerda la frase del soldado español de la conquista:

«Et antes de entrar en batalla se me ponía una gran grima et tristeza en el corazón».

Balder no reparaba en lo singular que resultaba su conducta. Aceptaba la «tristeza et la grima» de su corazón, sin análisis, como si fuera producto natural de su carne estragada por los placeres fáciles y conquistas sin interés. El círculo de su cavilación era sumamente estrecho. Más que cavilación era oscilación instintiva entre ir y no ir.

Mucho más tarde, individualizó esa anomalía de su voluntad. Tuvieron que acumularse numerosos sucesos, para que Balder, sorprendido, le diera un carácter aproximado a lo sobrenatural a semejante etapa.

Sin embargo, para perseguir fáciles pelanduscas y enredarse en turbias aventuras, no experimentaba pereza. Luego se dijo que aún disponía de dos noches, se consoló en el panorama de su acción futura, pero cuando tuvo que resolverse para ir a Tigre, permaneció sobrecogido junto a la mesa de

café. Preveía tristemente que era muy posible que Irene jugara coqueteando con alguien en el palco. El desgano lo traspasaba como un filtro de morfina, y para satisfacción de su conciencia, al apagarse las luces de la última noche de corso, se dijo tomando por una calle solitaria:
—Bueno, iré el año que viene.

Esta promesa, aunque parezca mentira, tuvo la virtud de tranquilizar su ánimo como meses antes lo absolvía de culpa esperar a Irene en un paraje que ella ya no frecuentaba.

Extractado del diario de Balder

Y sin embargo Balder apetecía una acción continua y una existencia heroica. Vivía aislado y sombrío porque el destino de su vida no se cumplía en la magnitud de su deseo. Su desconcierto mental alcanzó a tales proporciones que, refiriéndose a semejante período, diría más tarde:

—En la época del conocimiento con Irene, mi estado mental corresponde al de un semiimbécil. La ingeniería no está reñida con el retardamiento de otras facultades mentales, por completo ajenas a las especulaciones de la física y las matemáticas.

Mi conducta revestía características extrañas:

Aparentemente y por un escaso lapso, me conducía como hombre normal. Cuando el plazo que duraba la comedia de mi seriedad rebasaba los límites que estaba acostumbrado a soportar, rápidamente se visibilizaban para mi interlocutor las anomalías que taraban mi conducta, como lagunas de criterio y cierta desconcertante expresión burlona. En esa zona de fisonómica manifestación, no se sabía qué nexo fijar: si el de la pillería o el de la estupidez. Más aun: el que se encontraba conmigo llegaba a formarse la idea de que mi cerebro estaba dividido en varios trozos funcionando con escasa armonía entre sí. Independientemente, cada trozo de mi personalidad revelaba una originalidad que era interpretada en su conjunto como un indicio de desequilibrio mental.

Otro aspecto de la dicha semiimbecilidad que me caracterizaba, consistía en la ostensible poca armonía existente entre mi inteligencia y mi voluntad.

Fisiológicamente era un perezoso adormilado, incapaz de concretar positivamente el más mínimo esfuerzo. Todo lo dejaba para mañana, y en el «mañana» se localizaba una esperanza de la que hablaré después.

En cambio, mi inteligencia descubría a veces una lucidez extraordinaria, casi anormal.

Situaciones casi incomprensibles para otros ofrecían nítidas, entre mis conjeturas, la trama de su misterio. He visto en el interior de ciertas almas con una justeza tal, que aquellos que se creían observados, terminaban por apartarse de mi compañía. Me convertía para ellos en un ser repulsivo.

¡Es que no se ocultan cuidadosamente monstruos internos, para que otros, con una sonrisa burlona, vengan a señalárnoslos con los dedos!

Lo cual no priva que yo, en la extensión de mi conducta, fuera un semiimbécil, como no impide que sea loco el demente que juega perfectamente al ajedrez.

En esta dirección, las anomalías mentales ofrecen cierta semejanza con los efectos del rayo, que penetrando a una casa carboniza al gato, funde los objetos metálicos que adornan las prendas de un morador y desaparece en el agujero abierto que conduce a la cueva de un ratón.

Dicha semiimbecilidad (de la cual yo tenía conciencia a medias, pues no me pasaba desapercibido que enneblinaba mi vida) aguzó de tal manera mi susceptibilidad que, poco a poco, me fui aislando. El trato con mis prójimos me era insoportable. En cada uno de ellos discernía un enemigo que se aprovecharía de mi semiinconsciencia para engañarme o arrastrarme vaya a saber a qué dudosas aventuras.

Cuando por razones de mi profesión tenía que ponerme en contacto con otras personas, me veía obligado a desempeñar una auténtica comedia de hombre grave, pues como ellos me descubrían distinto, su conducta no tardaba en variar y demostrar vericuetos maliciosos, contra cuyos ardides ignoraba de qué modo valerme.

Esto acarreó contratiempos en mis negocios y empresas, en las que perdí parte de la fortuna de mi esposa. Ella no sabía a qué atribuir esa incompetencia que de continuo yo revelaba en la lucha por la vida. Ingresé entonces como ayudante en el estudio técnico de un ingeniero y, por un escaso sueldo, me resigné a trabajar de dibujante.

Lo cual me permitió aislarme aún más. Cuando tenía que ponerme en contacto con un desconocido, no podía evitar cierta conmoción nerviosa, una hostilidad que a mí mismo se me hacía perceptible en el temblor de los párpados y cierto movimiento reflejo de los nervios de los arcos superciliares, todos matices que escapan a la comprensión de un hombre que no ha profundizado en los fenómenos de la vida interior.

Mis compañeros me eran odiosos, y cuando no los odiaba, los examinaba con cierta acritud irónica y despectiva.

Analizando dicho sentimiento he comprendido que les envidiaba la facilidad con que se movían en la intrincada madeja de pasiones e intereses que a mí me resultaba imposible desembrollar. Eran en un todo distintos de mí. Vivían placenteramente, ejecutando actos repugnantes, estúpidos o viles sin que un solo sentimiento superior se rebelara en ellos contra las ignominias que cometían. Además, como si tuvieran conciencia de cuán inferior era la existencia que realizaban, envolvían su conducta en una apariencia de hipocresía y despreocupación que espantaba.

Parejo con mi sentimiento de soledad, aumentaba el dolor que me inspiraba mi propia impotencia para adaptarme al ambiente de mis semejantes. Les envidiaba su insensibilidad, su grosería, su astucia, todas las cualidades inferiores que les permitían desnudarse los unos ante otros, sin que un asomo de pudor les incitara a ocultarse. Suciedad que, es menester reconocer, revelaban con cierta naturalidad complaciente.

Conducta semejante ha motivado con justa razón que me clasificara a mí mismo como un semiimbécil.

Muchas veces traté de encontrar la clave que me permitiera despedazar esa placenta invisible que ahogaba mi cerebro.

«Sabía» (véase qué profundo es el sentido de la intuición), «sabía» que, alguna vez, el destino me obligaría a actuar en un suceso que, con su violencia, rompería definitivamente las ligaduras que me amarraban a la imbecilidad, y que además el suceso sería extraordinario, asombroso.

En honor a la verdad, diré que jamás llegué ni intenté imaginarme la estructura del «suceso extraordinario». Como un rayo me heriría en el centro del cráneo, posiblemente yo me desvanecería y cuando despertara sería otro hombre.

Tan seguro estaba que el suceso acontecería, que, cuando pensaba en su próximo advenimiento, trataba de evitar su aparición. O al menos creía que la soslayaba.

La espera subconsciente del prodigio me convirtió en una especie de badulaque atónito que cree descubrir, en el primer desconocido que se le acerca, un enviado de la Providencia, que le anuncia el milagro.

Como ven ustedes, no me adorno con el epíteto de imbécil gratuitamente, ni modestamente.

Utilizo una definición técnica que la fraseología cotidiana, carente casi siempre de exactitud, ha convertido injustamente en una injuria.

De modo que, cuando yo procedía como si no fuera un imbécil, la gente me observaba entre indignada y sorprendida, como si los hubiera hecho víctimas de una estafa, por la que tenían que denunciarme ante la justicia o, cuando menos, pedirme arduas explicaciones.

La voluntad tarada
De allí que Balder oscilara entre los excesos más opuestos con brevísimos intervalos de tiempo.

Una ansiedad permanente solicitaba en él compañía femenina, que rechazaba casi inmediatamente de obtenerla. Las mujeres le desilusionaban por la esterilidad mental de su existencia. Donde se imaginaba un palacio descubría una choza.

De cada una que se acercaba, pensaba impaciente:

—Es ésta. —Luego reconocía que se había equivocado. La presentida era como las otras, y se apartaba de ellas con agrios modales de defraudado.

Lo acosaba una incomodidad permanente, cierto furor lento que inopinadamente estallaba en una avalancha de groserías inconcebibles

Día tras día, esperaba algo nuevo. «Traté con toda clase de mujeres, incluso fui transitorio amante de prostitutas» —pero después de la explosión de su hastío, repleto de malevolencia, se apartaba de esas desdichadas, lívido de rencor, como si ellas fueran responsables de la existencia de ese infierno en el que se consumía sin posibilidad de salvarse.

Al aparecer Irene, su corazón dio un salto tremendo. Creyó identificarla. Era «ella», mas cuando la jovencita escapó a su voluntad, él se sumergió casi con naturalidad en la monotonía de su vida gris.

Pasaban meses sin que la imagen de la colegiala tocara la sensibilidad de Balder, luego un incidente la despertaba flamante, tal cual la conociera en el primer minuto que ella lo contempló absorta.

Reconstruía con alegría el espectáculo de un encuentro inesperado. Conversarían interminablemente, le narraría la odisea de su inercia. Irene le perdonaría sus ficciones, admitiría realmente que él era un hombre que no mentía nunca. Estanislao, a su vez, le confiaría que no se reprochaba las falsedades injertadas en su primera y segunda carta, ya que eran para mayor gloria de ese amor que envasaba.

Cierto es que nadie miente sin un objeto, mas es auténtico que Balder jamás mentía, ni para defender intereses estimables.

La única mujer engañada de continuo, respecto a su situación, fue Irene. Más que engaño, ello constituyó una pérdida de memoria en cierto modo, tan densa y circunstancial, como en otra dirección había sido permanente el olvido de la causa que aquella tarde lo arrastrara preocupadísimo hasta el andén número uno de la estación Retiro.

Aunque Balder tenía por hábito analizar cuanto suceso se ponía al alcance de su inteligencia, en el caso de Irene, una pasividad tortuosa, escondida, lo apartaba de inquirir qué causas lo inhibían para acercarse a ella. Procedía como si le «conviniera» no investigar nada.

Estas inhibiciones de voluntad no le pasaban desapercibidas. Comprendía que su actitud, dado el interés que le inspiraba la jovencita, no era normal. Como si su mente careciera de fortaleza para fijarse y ahondar los motivos de tales anomalías, asumía procederes de criatura caprichosa. Se negaba a darse explicaciones a sí mismo, de un hecho que habría de asombrar a los demás, de conocerlo.

Si insistimos en la pereza de Balder es porque el cronista admira el oscuro mecanismo de lo que cree que puede designar «presentimiento». Pero no nos anticipemos.

Objetivamente, la conducta de Estanislao era más absurda que la de cualquiera que, necesitando imperiosamente una riqueza, se niega a obtenerla en el momento que está al alcance de sus manos.

Semejantes lagunas de voluntad y de lógica, revelan a veces el funcionamiento preventivo de lo subconsciente, cuyos ojos invisibles han discernido la Verdad. Y sin embargo, de primera impresión, nos sentimos inclinados a clasificar al individuo como un demente y si extremamos indulgencia, como un desequilibrado. No es posible catalogarlo de otra manera, de acuerdo a los cánones de psicología experimental.

Lo que trato de demostrar es que la psicología experimental se equivoca.

Existen en el hombre o en su alma, quizás en el fondo de sus ojos, sentidos con un tal poder de discernimiento, que frente a ellos, la lógica corriente, la psicología de laboratorio, es más primitiva y grosera que el juego de un principiante de quinta categoría de ajedrez comparado con el efectuado en el tablero por un Alekine o un Tartakower.

Balder vivía sin estímulos y rechazando obstinadamente aquel que podría nacerle de acercarse a la joven distantísima. No sabía por qué, se le ocurría que Irene se entregaría hasta convulsionarle la vida si se atrevía a acercarse.

Parejo con tamaña inercia repleta de expectativa, se desarrolló en él una idea fija:

—Algo extraordinario tiene que ocurrir en mi vida.

Como si temiera los efectos de lo deseado extraordinario, no sólo que no daba un paso para obtenerlo, sino que hasta lo esquivaba.

Hubo semanas en que se repitió todos los días:

—Sí, algo extraordinario tiene que ocurrir en mi vida. Por su parte, Balder no trataba de acelerar el advenimiento del suceso extraordinario. Al salir de la oficina se enquistaba en un café pensando que algún día...

Mueve a risa un perezoso divagando de esta manera. Como todos los ineptos, era extraordinariamente pagado de sí mismo. A los que tenían curiosidad de escucharlo, los amenazaba con realizar planes estupendos:

En este país no existían arquitectos. ¡Oh!, ya lo verían, cuando entrara en acción. Su proyecto consistía en una red de rascacielos en forma de H, en cuyo tramo transversal se pudiera colgar los rieles de un tranvía aéreo. Los ingenieros de Buenos Aires eran unos bestias. Él estaba de acuerdo con Wright.

Había que sustituir las murallas de los altos edificios por finos muros de cobre, aluminio o cristal. Y entonces, en vez de calcular estructuras de acero para cargas de cinco mil toneladas, pesadas, babilónicas, perfeccionaría el tipo de rascacielo aguja, fino, espiritual, no cartaginés, como tendenciaban los arquitectos de esta ciudad sin personalidad.

Sus compañeros se reían. ¿Cómo resolvería el problema del reflejo? Y si respondía que, de acuerdo a los estudios de la óptica moderna, colocarían los cristales de manera que los edificios fueran pirámides cuya superficie reprodujera la escala cromática del arco iris; las carcajadas menudeaban de tal manera, que indignado se apartaba de ellos. Serían siempre los mismos rutinarios, útiles para cargar con un teodolito y mensurar campos donde habrían de pastorear con el resto del ganado. Carecían de imaginación, esterilizados por las matemáticas, únicamente aspiraban a ganar dinero u ocupar un cargo donde las actividades burocráticas substituyeran la iniciativa técnica.

Se refugiaba en su idea fija:

—Algo extraordinario tiene que ocurrir en mi vida.

Como este pensamiento lo repetía varias veces al día, se convirtió en una idea fija que indirectamente excusaba su no acción.

¿En qué consistía lo extraordinario para Balder? Dejar de ser lo que era. Para un vendedor de periódicos, extraordinario sería arrojar los diarios en la acera, entrar al Luna Park, subir al ring frente a una multitud de treinta mil personas y ponerlo knock out de un uppercut a Víctor Peralta en el primer round. Lo extraordinario para Balder era despertar un día por efectos de un choque externo y encontrarse dueño de una voluntad que le permitiera realizar sueños de vida heroica, sin vacilaciones. Deslumbrar a sus semejantes. Ser dueño de una voluntad de acero.

No es menos ilógico este deseo de un perezoso que la quimera del vendedor de diarios en derrotar a Víctor Peralta por knock out en el primer round.

Afirmo que, para satisfacer sus deseos, le hubiera vendido su alma al diablo.

Contrariamente a lo que se pueda suponer no era ni el primero ni el único hombre de esta generación de escépticos deseoso de sellar un pacto con el demonio.

Posiblemente no exista hombre inteligente que, en cierta etapa de su vida, no haya deseado que el diablo existiera, para estipular un contrato con él.

Pensamientos semejantes son sumamente familiares a individuos que, como Estanislao Balder, se repiten dos mil veces al año que «algo extraordinario» tiene que acontecer en sus vidas.

Claro está que todos, llegado el fatal momento, si el diablo se presentara, retrocederían espantados. Otros, quizá los más audaces, le propusieran un equívoco trato ad referendum, con el innegable propósito de hacerle trampa en el momento de pagar. A este último grupo de jugadores tramposos pertenecía Balder.

Seamos sensatos: Balder no se representaba al demonio de acuerdo a la grotesca escatología católica. No. El demonio constituía, para él, la suma de una serie de fuerzas oscuras, indefinibles que, de personalizarse, revestirían la figura de un financiero, cierto desalmado de rostro pálido y líneas largas, cuyo busto de atleta, enfundado en un jacket con solapas de raso, aparece recuadrado por una ventana metálica sobre un fondo enyesado de rascacielos superpuestos.

Estas potencias, inteligencia, voluntad, se trasmitían al contratante, y Balder no dudaba por un instante de la existencia de dicha fuerza. La dificultad residía en encontrar un secreto (que indudablemente existía) para ponerse en contacto con ella. El hombre es capaz de inventar al diablo, si el diablo no existe.

Otras veces se decía que lo más probable era que la Fuerza se encontrara soterrada en el interior del hombre que la buscaba con afán, erróneamente, fuera de sí mismo.

Si así acontecía, ¿mediante qué procedimiento podía desprendérsela de su intrincado caracol interno, ponerla en marcha y recoger los prodigios que debía suscitar?

Estanislao cavilaba trabajosamente sus hipótesis disparatadas. Existía un «secreto». Los que lo poseían, sonriendo con suficiencia irónica, negaban el más allá; otros movían la cabeza como indicando que la moneda con que debía pagarse tal «secreto» era sumamente ardua, y Balder, después de acumular series de conjeturas, se abandonaba a la indolencia, diciéndose confiado:

—De cualquier manera, algo extraordinario tiene que ocurrir en mi vida.

Pasaba el tiempo. Apartándolo de sus problemas de técnica profesional, vivía sumergido en la inactividad que le imponían sus sentidos incapaces.

Se decía que «tenía condiciones»; lo reveló ante ciertos problemas, pero su apatía era mucho más fuerte que su voluntad de acción.

Los días se deslizaban monótonos y grises, mientras que él con mirada tumefacta y envidiosa observaba de lejos el camino de otros más fuertes.

Bien hubiera querido realizarse, deslumbrar a sus prójimos, pero tamañas virtudes no se obtienen con un simple deseo en un minuto de entusiasmo baladí. Desaparecido el impulso primero, que lo había levantado hasta la cresta de las nubes, se acurrucaba en el fondo de esa neblina que velaba sus gestos con una incertidumbre de afásico, cuyo mecanismo motriz se encuentra lesionado.

Se acostumbró a vivir en las profundidades de la cavilación. Su obra de ayudante en oficinas técnicas no le satisfacía. Él no había nacido para tan insignificantes menesteres. Su destino era realizar creaciones magníficas, edificios monumentales, obeliscos titánicos recorridos internamente por trenes eléctricos. Transformaría la ciudad en un panorama de sueños de hadas con esqueletos de metales duros y cristales polícromos. Acumulaba cálculos y presupuestos, sus delirios eran tanto más magníficos a medida que menos fuerzas disponía para realizarlos.

En tanto, el fracaso de su existencia trascendía hasta a lo físico.

Su rostro brillaba de grasitud cutánea. Estaba sumamente encorvado, el talle torcido, el trasero pesado, la caja del pecho encogida, los brazos inertes, los movimientos torpes.

A pesar de que no tenía veintisiete años, gruesas arrugas comenzaron a diseñarse en su rostro. Al caminar, arrastraba los pies. Visto de atrás parecía jorobado, caminando de frente, dijérase que avanzaba sobre un plano ondulado, de tal manera se contoneaba por inercia. El pelo se escapaba por sus sienes hasta cubrirle las orejas, vestía mal, siempre se le veía con la barba crecida y las uñas orladas de tinta.

Además echaba vientre.

Tal era su estampa irrisoria de abúlico de café, que con expresión desganada de hombre acabado, deja circular los días entre sus dedos amarillos de nicotina:

—¡Oh, si se pudiera firmar un contrato con el diablo! —Y lo notable es que hubiera suscrito el pacto con el demonio.

Es de creer, por momentos, que este hombre atravesaba crisis de estupidez, empujado por la desesperación. Lo salvaba el espíritu, perezoso frenesí sordo que urgía el milagro. En el fondo de la caverna de carne, el alma de Balder solicitaba permanentemente el prodigio. Suponía a los poderes infernales más piadosos que los divinos y, en consecuencia, apelaba a ellos con devoción rayana en la locura.

Muchas veces, al ir a acostarse, quedábase sentado a la orilla de la cama, miraba melancólicamente sus pies callosos, e invocaba a las fuerzas del más allá para que lo salvaran de la muerte.

—¡Oh, tú, demonio, que fuiste fuerte y desafiaste a Dios!, ¿serás tan canalla que no tengas piedad de mí? ¿Por qué no vienes? Yo no tengo inconveniente en firmarte un contrato. Cierto es que muchos pretenderían hacer la misma operación contigo, ya lo sé, pero ellos son inferiores a mí, y tú también lo sabes. Es necesario que me salve, que me convierta en un héroe; en fin, esas cláusulas del contrato nosotros las convendríamos después. Lo esencial es que vengas.

Ninguna voz extrahumana respondía a la súplica de Balder, pero él, contra la lógica materialista que nos dice y repite hasta la saciedad que nada desde el Más Allá puede interceder en favor de nuestra penuria, creía que se salvaría.

Alguien, «un acontecimiento», lo salvaría. ¿De qué modo? No podía preverlo. Pero cualquier día, una mano misteriosa entre los dos horizontes crepusculares de la noche y el amanecer, le arrojaría el salvavidas. Braceando desesperadamente llegaría a la otra orilla del mar sucio donde flotaba en compañía de sus semejantes, encontraría un continente flamante; su envoltura física, torcida y fatigada se desprendería como la piel de una serpiente, y él surgiría ante los seres humanos ágil y espléndido, más fuerte que un dios creador.

Se adormecía con ligera sonrisa. A través de los párpados cerrados, percibía en la distancia la figura de la jovencita. Luego, sobre telones de oscuridad, ángulos de rascacielos y obeliscos, él cruzaba bajo cables de trenes aéreos, un estrépito espantoso se amontonaba en sus oídos, y necesitaba hacer un esfuerzo para no saltar de la cama y gritar en la desolación del cuarto, frente a su esposa que estaba dormida en otra cama:

—Soy un dios que cruza anónimo por la tierra.

Transcurrían los meses.

A intervalos tuvo relaciones con mujeres.

Se desengañaba en juegos fáciles e indiferentes. Ellas no lo satisfacían, y Balder tampoco demostraba mayores aptitudes para resultarles agradable.

Se acostaba con ellas con la misma facilidad que concurría al café a conversar con amigos que no estimaba, mas indispensables por la fuerza de la costumbre.

Sobrellevaba la monotonía de su vida con resignación de cadáver. En ciertas circunstancias, se esforzaba por descubrir los aspectos interesantes de la personalidad de sus amigas, luego, decepcionado de la vaciedad que revelaban, abandonaba todo buen propósito y su conducta era lisa y llanamente la de un desvergonzado, a quien se le importa un comino lo que la gente opine de él.

Incluso experimentaba determinada alegría malévola en jugarle malas pasadas a sus compañeras de reservados. Ellas adolecían de la misma facilidad que él, para proporcionarse relaciones que con fantástica inconsciencia llamaban «amorosas».

Junto a su esposa se aburría. Admitía de buen grado que posiblemente se hastiara junto a otra mujer si, por una serie de obligaciones contraídas, se viera obligado a convivir.

Analizaba a su mujer y la encontraba semejante a las esposas de sus amigos. Todas ofrecían características semejantes. Eran singularmente amargadas, ambiciosas, vanidosas, rigurosamente honestas, y con un orgullo inmenso de tal honestidad. A veces se le antojaba que este orgullo estaba en razón inversa del reprimido deseo de dejar de ser honestas. Lo más notable del caso es que si alguna de estas mujeres honestas, para singularizarse hubiera dejado de serlo, con semejante actitud no habría agregado ningún encanto a su personalidad. Habían nacido para enfundarse en un camisón que les llegaba a los talones y hacerse la señal de la cruz antes de dormirse. Pavoneaban una estructura mental modelada en todas las restricciones que la hipocresía del régimen burgués impone a sus desdichadas servidoras.

«Estas mujeres tienen que ser hechas pedazos por la revolución, violadas por los ebrios en la calle» —se decía a veces Balder.

Su esposa, como otros tantos de cientos de esposas anónimas, era una excelente dueña de casa, pero él no era hombre de regodearse en el espectáculo de un piso bien encerado, o en la pantalla calcada en la matriz de una hoja arrancada de la revista Para Ti o El Hogar.

Su mujer bordaba excelentemente, cocinaba muy bien, hacía un poco de ruido en el piano, mas estas virtudes domésticas no alteraban el punto de vista de Balder, irónico e indiferente. ¿Qué relaciones existían entre un piso encerado o una albóndiga a punto y la felicidad?

Las mujeres de sus amigos eran más o menos semejantes a su esposa, lo cual no impedía que, tarde o temprano, un colega de Balder se le acercara diciéndole:

—¿Sabés?, me estoy enamorando de mi querida.

Estanislao los examinaba con cierta envidia. Se acordaba del pelirrojo Gunter. Iba un cuarto de hora antes a la alcoba donde tenía que reunirse con su amante. Y desparramaba entre las sábanas tallos de nardos. Y Balder sonriendo malévolamente le decía:

—¿Y en la cama de tu esposa no desparramas nardos?

¿Y Gonzalo Sacerdote? Cuando hablaba de «ella» tartamudeaba de felicidad, se recogía en una especie de silencio interminable. No había uno de ellos que en ciertas circunstancias se recatara de confidenciar intimidades que un temperamento delicado hubiera mantenido en el más escrupuloso secreto.

Con cierto horror se preguntaba Balder:

—¿Pero qué vida viven estos hombres? ¿Son hipócritas o sensuales? ¿O es que existe el mundo de que ellos alardean?

No eran ni lo uno ni lo otro. Después de espiarlos meses, de observarlos continuamente, llegaba a la conclusión de que sus actos eran perfectamente lógicos, explicables:

No podían vivir sin ilusiones.

Se casaron jóvenes y, pronto, las ilusiones desaparecieron. Casi todos ellos tenían una base moral que les impedía abandonar a su esposa para seguir a la que amaban. Así creía Balder al principio. Luego constató que tal base moral no existía. Ellos sabían que de abandonar a su esposa para convivir con la amante, hubieran terminado por hastiarse junto a ésta como ahora se hartaban de monotonía junto a la esposa.

Incluso en algunos de ellos identificaba el embrión de un drama futuro. Y como no podía menos que analizar, llegaba entonces a la desoladora conclusión de que ninguna de esas mujeres era responsable del hastío de su marido, de la desolación arenosa de la vida de hogar. No. Ellas, en el fondo, eran tan desdichadas como sus esposos. Vivían casi herméticamente enclaustradas en su vida interior a la cual el esposo entraba por excepción.

Esas mujeres honestas (sin dejar de serlo prácticamente) tenían curiosidades sexuales, hambre de aventuras, sed de amor. Llegado el momento, por excepción, sólo una que otra se hubiera apartado de la línea recta.

La conciencia de ellas estaba estructurada por la sociedad que las había deformado en la escuela y, como las hormigas o las abejas que no se niegan al sacrificio más terrible, satisfacían las exigencias del espíritu grupal. Pertenecían a la generación del año 1900.

Para subsistir la ausencia de vida espiritual (el religiosismo en su forma de culto es olvidado por las mujeres en cuanto éstas se casan) iban al cine. Leían escasas novelas fáciles, mas se interesaban por las intrigas de actrices de la pantalla y cavilaban sus escándalos y los de sus galanes, cuyos adulterios ofrecían a estas imaginaciones reducidas pero hambrientas, un mundo extraordinario. Allí no podían entrar los esposos, como en el mundo de la curiosidad femenina tampoco encontraban paso estos hombres cuando estaban de novios.

Vivían en monotonía, de la misma manera que sus maridos. La diferencia consistía en que ellas no disfrutaban de ningún derecho.

Encadenadas por escrúpulos que la educación burguesa les había incrustado en el entendimiento, lo soñaban todo, sin ser capaces, por pusilanimidad, de tomar nada. Y de hacer algo, como ponían ilusión, ejecutaban sus actos con esa efusiva torpeza que caracteriza la falta de training en el pecado.

Balder analizaba los problemas que se ofrecían a sus ojos, buscando características de su personalidad a través de ellos. ¿Era un monstruo? ¿Era un sensual?

No amaba a ninguna de sus amantes y algunas de ellas eran extraordinariamente lindas. Cuando recordaba se encogía de hombros. No animado por orgullo de conquistador fatigado, sino porque comprendía la inutilidad del placer sexual si no se desarrollaba acompañado de amor.

Casi todas estas muchachas (sus amigas) pertenecían al grado inmediato que antecede a la mediana burguesía. Hijas de empleados o comerciantes. Tenían hermanos y novios empleados o comerciantes. Ocupaban por sistema casas cuya fachada se podía confundir con el frente de viviendas ocupadas por familias de la mediana burguesía. No frecuentaban almacén, feria ni carnicería, porque ello hubiera sido en desmedro de su categoría. A la calle salían vestidas correctamente. En ciertas circunstancias, un portero no habría podido individualizar a la semiburguesa de la aristócrata, como era imposible establecer las diferentes fachadas de las casas ocupadas por esta gente.

La finalidad de estas jóvenes era casarse. La finalidad de sus hermanos o novios era engañar mujeres, y casarse luego ventajosamente. El matrimonio constituía el punto final de estos machos y de estas hembras. Un claro anormal en la gruesa corriente de pensamiento era casarse por amor. Frecuentemente confundían la pasión amorosa con un blando sentimiento de afecto, que les permitía ser dueñas de sí mismas, en todas las circunstancias, y calcular las ventajas económicas que implicaba el cambio de posición. Ellos no. Se casaban «cuando no podían más».

Las que perdían notoriamente la virginidad antes de casarse eran, para todas aquellas otras mujeres que llegaban vírgenes al matrimonio, unas «perdidas». Si estas perdidas conseguían casarse, la gente no tenía inconveniente en tratarlas, restituirles su afecto e intimar con ellas. A las mujeres honestas les agrada escarbar en los recuerdos de estas otras. Curiosidad que se justifica.

Cuando uno de dichos tipos de jovencita porteña (constituyen el noventa por ciento de la población femenina) se encontraba frente a Balder, lo repudiaba de inmediato o se convertía en una amiga. Balder no era como los otros hombres. Podían conversar de las penurias de su alma, sin que los ojos se les inflamaran de llamaradas de lujuria.

Balder compadecía irónicamente a esas muchachas hipócritas, le admiraban y aterrorizaban los simulacros de pasión que tenían que efectuar junto a un imbécil, la gama de aburrimientos que soportaban con la esperanza de libertarse de la tutela familiar en el Registro Civil.

Algunas de estas desgraciadas a los veintisiete años estaban aun en la masturbación y la mentira; otras, más jóvenes, le hacían preguntas que lo divertían extraordinariamente:

—«¿Cómo eran los prostíbulos?».

—«¿Sentían felicidad esas mujeres de llevar una vida semejante?».

—«¿Eran felices los hombres con ellas? ¿Tenían modales refinados?».

—«¿Sus hermanos, cuando de noche faltaban a sus casas, venían de tales parajes?».

—«¿Cómo se las componían esas mujeres para evitar los hijos?».

Algunas lamentábanse de no haber nacido hombres, para correr aventuras. Balder, encogiéndose de hombros, hacía comentarios duros: «los hombres estaban aún en peor situación que ellas», y la conversación súbitamente se interrumpía al chocar con el silencio de esas muchachas que permanecían pensativas mirando el espacio. Algunas caras graves, semblantes serios de atención, lo enternecían; entonces, para romper la tensión interior de esas almas entristecidas, les daba un papirotazo en la punta de la nariz preguntándoles irónicamente:

—¿Por qué no conversan de estos asuntos con sus novios?

Las jóvenes se tomaban la cabeza entre las manos y cuchicheaban, mirándose escandalizadas: ¿Preguntarles semejantes barbaridades a sus novios? ¿Estaba loco Balder? Era imposible, ellos hubieran pensado terriblemente mal, confundiéndolas con unas locas o, en caso contrario, tratarían de sacar provecho en una dirección sexual.

No, no y no. Los novios estaban colocados en un especialísimo estado mental. Su trato requería determinadas precauciones, cierta técnica y mise en scène: A un futuro esposo no se le manifestaban curiosidades que su estupidez puede considerar como síntomas de tendencias peligrosas.

—¿Y qué conversan ustedes entonces? —Les preguntaba Balder perplejo y ellas, haciendo un gesto displicente que podía expresar «vea la situación a que estamos reducidas», contestaban:

—¿Y de qué quiere que conversemos? De tonterías.

Por tonterías entendían el apapanatado merengue del tema amoroso, el silencio de los que nada tienen que decirse, los convencionales «¡Oh!, sí, querida; ¡oh!, no, precioso».

Estos novios, como en otra época Balder, se creían obligados a conversar con la mujer querida, únicamente de amor, pareciéndose en algún modo a esos hijos de comerciantes que desbastados por el medio ambiente de la Universidad, creen protocolar conversar de literatura, cuando se encuentran en presencia de un hombre de letras.

Balder se horrorizaba diez minutos, recordaba las conversaciones mantenidas con su esposa y reconocía que eran más o menos idénticas en estupidez a estas otras que le asombraban. Callaba preocupado.

—¿Qué piensa usted, Balder?

—¿Qué quiere que piense? Me parece que todos somos unos hipócritas.

—Sin embargo no se puede vivir de otra manera.

Balder recapacitaba:

—Sí, se puede vivir. Lo que hay es que somos unos farsantes sin coraje.

—¿Qué debe hacerse?...

—¿Qué debe hacerse?... ¿qué debe hacerse?... Lo grave es que mirando en redor no se descubre nada más que mentiras, y la gente se habituó de tal modo a ellas, que cualquier verdad, incluso la más inocente y accesible, les parece una injuria a las buenas costumbres.

Otras veces se preguntaba:

—¿Hasta qué punto estos hipócritas aparentan ignorar la verdad para tener pretextos de vivir como perfectos fariseos? ¿Será posible que sostengan, a los extremos que lo hacen, su comedia?

Llegaba inevitablemente a una fatal conclusión:

—El hogar es una mentira. Existe nada más que de nombre. Substancialmente, lo que se define por hogar, es una pocilga, en la cual un macho, respetablemente denominado esposo, practica los vicios más atroces sin que una hembra, su respetable esposa, se dé por enterada. Pero ¿y los vicios existían? ¿Qué hogares podían ser aquéllos, donde tres vidas, padre, madre e hijo, con prescindencia del sexo, vivían internamente separados por el desnivel de sus experiencias?

La experiencia del padre era distinta a la de la madre. Y la del hijo, referida a estas otras dos experiencias, no guardaba ninguna simetría. Padre, madre, hijo, cada uno giraba vitales intereses distintos, con razones comunes de afecto a la cohesión. Frecuentemente, las razones consistían en disciplina, desconocimiento y temor al mundo, sensibilidad pareja, semejanzas psíquicas. Lo evidente es que los deseos de un cuerpo joven y las restricciones morales impuestas por vidas ya agotadas creaban en el rincón de basura invisibles círculos de aislamiento. Bajo apariencia de comunión cotidiana, comunión de palabras o gestos, existían murallas y fronteras, parecidísimas a las que se interponen entre dos hombres que hablan idiomas distintos.

Dicho aislamiento, no tan sólo dislocaba de la comprensión a padres y a hijos, sino que apartaba también a los esposos. Cuando creían intimar, era porque conectaban bajezas análogas, superficialidades recíprocas. Sus entendimientos se tocaban en la tontería.

Si Balder oía decir que un matrimonio «se llevaba muy bien» conjeturaba:

—¿Qué porquerías afines habrá entre esos dos cerdos?

Había descubierto singularidades curiosas, probablemente tan antiguas como la sociedad del hombre, y por ello, sin valor alguno:

Cuanto más groseros, más inmediatos, más egoístas eran los deseos de un hombre o de una mujer, más fácilmente se conllevaban.

A un lacayo y a una mucama, o a un repartidor de leche y una cocinera, les resultaba menos difícil constituir un hogar socialmente respetable, que a una chiquilla respaldada por el petulante decoro de su familia burguesa y un infeliz cuyo ideal arrancaba de una base burocrática.

El lacayo o el repartidor de leche se habían confeccionado dos o tres ideas concretas respecto a la vida, así también la mucama y la cocinera, que con las dos o tres ideas maniobraban con éxito en la vida. En cambio, los retoños de nuestra burguesía ríspida vivían en disconformidad. No sabían lo que ansiaban ni hacia dónde iban. Accidente que no le ocurría a la mucama ni al cocinero. Deseaban acumular dinero, y si venían hijos, éstos, en vez de desjarretarse en trabajos rudos, que ingresaran a robar a la clase media con el pasaporte de un título universitario.

Dicha etapa de civilización argentina, comprendida entre el año 1900 y 1930, presenta fenómenos curiosos. Las hijas de tenderos estudian literatura futurista, en la Facultad de Filosofía y Letras, se avergüenzan de la roña de sus padres y por la mañana regañan a la criada si en la cuenta del almacén descubren diferencia de centavos. Constatamos así la aparición de una democracia (aparentemente muy brillante) que ha heredado íntegramente las raídas mezquindades del destripaterrones o criado tipo y que en su primera y segunda generación, ofrece los subtipos de los hombres de treinta años presentes: individuos insaciados, groseros, torpes, envidiosos y ansiosos de apurar los placeres que barruntan gozan los ricos.

Reconsiderando el fenómeno, Balder quedaba perplejo. Un terrible mecanismo estaba en marcha, sus engranajes se multiplicaban. Hombres y mujeres constituían hogares basados en mentiras permanentes. Simultáneamente con ello alardeaban tal afán de encumbramiento fácil que, a instantes, el observador sentía delirio en la estructura de la industria cinematográfica norteamericana, confeccionada especialmente para satisfacer las exigencias primitivas de estos países rurales.

El cine, deliberadamente ñoño con los argumentos de sus películas, y depravado hasta fomentar la masturbación de ambos sexos, dos contradicciones hábilmente dosificadas, planteaba como única finalidad de la existencia y cúspide de suma felicidad, el automóvil americano, la cancha de tenis americana, una radio con mueble americano y un chalé standard americano, con heladera eléctrica también americana. De manera que cualquier mecanógrafa, en vez de pensar en agremiarse para defender sus derechos, pensaba en engatusar con artes de vampiresa a un cretino adinerado que la pavoneara en una voiturette. No concebían el derecho social, se prostituían en cierta medida y, en determinados casos, asombraban a sus gerentes del lujo que gastaban, incompatible con el escaso sueldo ganado.

Los muchachos no eran menos estúpidos que estas hembras.

Se trajeaban y dejaban bigotillo, plagiando escrupulosamente las modas de dos o tres eximios pederastas de la pantalla, a quienes las chicas del continente africano y sudamericano enviaban profusas declaraciones.

Un día cualquiera, estas muchachas manoseadas en interminables secciones de cine, masturbadas por sí mismas y los distintos novios que tuvieron, «contraían enlace» con un imbécil. Éste a su vez había engañado, manoseado y masturbado a distintas jovencitas, idénticas a la que ahora se casaba con él.

De hecho estas demi-vierges, que emporcaran de líquidos seminales las butacas de los cines de toda la ciudad, se convertían en señoras respetables y, también de hecho, estos cretinos trasmutábanse en graves señores, que disertaban sobre «la respetabilidad del hogar y la necesidad de proteger las buenas costumbres de la contaminación del comunismo».

El matrimonio ocupaba una casita o un departamento nuevo anunciado en la plana de avisos de los periódicos «ideal para novios». A los nueve meses la señora daba a luz un cachito de carne flamante que la «crónica rosa» del pasquín local anunciaba como un acontecimiento; un mes después, un sacerdote granuja, cara de culo y ojos de verraco, bautizaba la criatura y la función reproductora de estas hembras cesaba casi por completo, substituida por abortos más o menos trimestrales.

Los sábados, dichos matrimonios descoloridos (desteñidos hasta en los trajes que compraban por cuotas mensuales) se enquistaban en el cine y el domingo paseaban en alguna granja de suburbio verde. Durante la semana el individuo concurría ocho horas a su oficina, y cada luna nueva le preguntaba a su esposa, entre bascas y trasudores:

—¿Te ha venido el mes?

Estas vidas mezquinas y sombrías manoteaban permanentemente en el légamo de una oscuridad mediocre y horrible. Por inexplicable contradicción nuestros criados de cuello duro eran patrioteros, admiradores del ejército y sus churrascos, aprobaban la riqueza y astucia de los patronos que los explotaban y se envanecían del poderío de las compañías anónimas que, en substitución del aguinaldo, les giraban una circular: el remoto directorio de Londres, Nueva York o Amsterdam «agradecía los servicios prestados por la excelente y disciplinada cooperación del personal».

Sociedad, escuelas, servicio militar, oficinas, periódicos y cinematógrafo, política y hembras, modelaban así un tipo de hombre de clase media, alcahuete, desalmado, ávido de pequeñas fortunas porque sabía que las grandes eran inaccesibles, especie de perro de presa que hacía deportes una vez por semana y que, afiliado a cualquier centro conservador, con presidencia de un generalito retirado, despotricaba contra los comunistas y la Rusia de los Soviets.

La psicología de estos tipos, primaria y malvada, se estropajaba a través del tiempo. Más tarde unos, más temprano otros, terminaban por refugiarse en el islote de una amante, cuya fotografía mostraban en el comienzo de sus relaciones a sus camaradas, entre cuchicheos obscenos. Y conste que los que se echaban una amante eran los más inteligentes del grupo. La morralla frecuentaba el lenocinio, casi siempre la misma prostituta, cuyas especialidades ensalzaban, hasta terminar por confundir las aptitudes profesionales de la meretriz con la conducta pasional de una querida.

A veces estas relaciones terminaban en un drama sangriento, que los diarios de la tarde explotaban tres días seguidos. Al cuarto día, un nuevo crimen llegaba con su repuesto fresco a sustituir el delito agotado.

Balder iba y venía por la ciudad remordiendo el conjunto de síntomas. La urgencia carnal de los machos se contraequilibraba con la contención hipócrita de las hembras y a instantes, como en el desbarajuste de un naufragio, todos trataban de salvarse, recurriendo para ello a las mentiras más absurdas y torpes.

A veces Balder conversaba con conocidos a quienes hacía mucho tiempo perdiera de vista. Ellos se habían casado. Por supuesto, con mujeres que querían, pero a quienes ahora no debían de querer sino muy relativamente. No eran felices. Algo se dilucidaba allá en el fondo que transparentaba el vericueto de sus confidencias. Estanislao se aterrorizaba ante la invisible catástrofe que representaban estos derrotados. No se ilusionaban ante ningún suceso del mundo. (El mundo de ellos había naufragado en el lecho conyugal por la noche y en menesteres oficinescos durante el día). Se encogían de hombros ante las mismas palabras que cuando adolescentes los encabritaban. El maximum de ambición que descubrían era parangonable con el de un aventurero. Dar un golpe de suerte o de azar para enriquecerse y «pasarla bien». Respetaban y odiaban a sus jefes, admiraban incondicionalmente a los pilletes audaces que se imponían en la ciudad con su trabajo de extorsión y eran sumamente amargos, escépticos, burlones. No creían en la felicidad.

De más está decir que una esperanza posiblemente hubiera transformado a estas almas, pero la esperanza requiere cierta amplitud de sentimientos, incompatibles con la total aceptación del fracaso que revelaban. Además, para tener esperanzas es necesario llevar en el interior cierta fuerza espiritual de la que carecían.

Balder a veces admitía que era un derrotado. Un descorazonamiento inmenso lo imposibilitaba para la acción durante algunos días, luego reaccionando se decía que en alguna parte se encontraba la mujer que debía injertar en su vida nuevas esperanzas y energías, y confortado por la tibia certidumbre dejaba pasar los días.

No tenía prisa, sus ilusiones eran cortas. Si luego se examina el proceso amoroso que se desenvolvió en su vida, se verá cuán exacta es tal afirmación. Balder no tenía prisa, como tampoco la tenían sus compañeros. Vivían porque el azar los había colocado en el planeta Tierra. Con gesto perezoso recogían lo que estaba al alcance de sus manos y siempre que el esfuerzo no exigiera un derroche de energía.

En síntesis, Balder era uno de los tantos tipos que denominamos «hombre casado». Haragán, escéptico, triste...

Los días volteaban sobre él, su taciturnidad aumentaba. Una vez, habían pasado muchos meses, recordó que el Carnaval estaba próximo, evocó su pasividad durante las anteriores carnestolendas, se prometió nuevamente, con rigurosas penas en caso de no cumplir, que iría al Tigre, aguardó dos meses ansiosamente... Se repitieron las mascaradas... Él se arrinconó junto a una mesa de café, mirando pasar la gente con desabordamiento y, por segunda vez, transcurrió la primera, segunda, cuarta y quinta noches de corso, sin que se moviera de allí para ir al Tigre. No se daba cuenta que el desgano y la pereza lo estaban defendiendo de un acontecimiento decisivo en su existencia.

Pensó con tristeza que su voluntad había desaparecido para siempre. Irene continuaba viviendo en su imaginación. Despojada de toda apariencia terrestre, se manifestaba en el fondo de su pecho por una dulzura queda, semejante al debilísimo perfume de ciertas flores muertas.

Capítulo III. El suceso extraordinario se produce
Parecen dos ciudades superpuestas: arrinconada la de los rascacielos; extendiendo un fracturado horizonte de mampostería, la baja.

Balder, en mangas de camisa, encajado en su asiento giratorio, observa el profundo panorama de techados por el hueco de la ventana metálica abierta de par en par.

Le interesa muy poco lo que ve, pero sigue mirando con mueca de disgusto. A ras de un techado negruzco distingue los contrafrentes de un puente de ferrocarril enrejado. Los muros crecen, lienzos de muralla gris superponen paredes amarillas perforadas de agujeros cuadrados, el perpendicular zigzag de mampostería se resquebraja en una mancha verde, y la otra ciudad de los rascacielos, con el peñón de sus monoblocks color mostaza, supera la pizarrosa altura de edificios de siete pisos.

Tras las terrazas, manchas violetas de nubes se fragmentan y desflecan en doradas crines. A medida que el cielo se comba en la altura, adquiere una azul profundidad de agua de nieve.

Balder aparta la mirada fatigado y deja descansar los ojos en el rectángulo de su oficina, un muro con alto zócalo verde mar, cerrado por tres divisorias de madera color caoba, como encristaladas de gruesas placas de mica.

Estanislao cierra las ventanas. Los contramarcos metálicos reticulan el cielo de agrios mosaicos azules y la rugosa mica de los cristales lo traslada a la profundidad de un acuario.

Posiblemente ésa sea su vida.

Raspa un fósforo en la pared y enciende el cigarrillo. Chupando humo se abstrae en el negro pie del teléfono y su bocinilla horizontal. Bosteza y abre un cuaderno con proyecciones a lápiz de un alcantarillado de cemento.

Cifras, cotas de nivel, tramos, raíces cúbicas y cuadradas... Balder abre la boca y mira la triple trenza de humo que se desprende del tizón de su cigarrillo. Se encoge de hombros y, a través de los bastones metálicos, el cielo reticulado en agrios mosaicos azules desplaza en su sensibilidad la desolación del desierto.

La cresta de una nube asoma lateralmente un perfil de camello, y él no lo confiesa, pero se aburre extraordinariamente.

Repiquetea la campanilla del teléfono. Balder alarga el brazo, coge el aparato y descuelga el auricular perezosamente.

—Sí, soy yo Balder...

—...

—¿Usted me conoce a mí?... Es posible...

—...

—¿Una amiga mía? ¿Quién es usted?

—Las iniciales de su nombre... Dígame al menos las iniciales de su nombre...

—...

—Cómo... ¿Tampoco eso?... No sé, he tenido muchas amigas.

—...

—Sí, pienso... Claro que pienso.

—...

—No adivino... Espere un minuto... Le contestaré en seguida.

Balder no cuelga el tubo. Sin hablar permanece con los labios pegados a la cornetilla del aparato. Piensa vertiginosamente. Tiene la sensación de jugarse los restos de una fortuna, al último naipe que le queda, y las arrugas de su frente barajan conjeturas. Replica:

—Vea... no estoy dispuesto a seguir conversando con una persona que no me da su nombre. Lo único que le diré es lo siguiente: una sola mujer me interesa... y ésa es una chica que vivía en Tigre hace dos años...

—...

—¡Oh!... ¿Usted es la amiga?, ¿amiga de ella?... Perdone mi rudeza... ¿Y usted me habla en nombre de ella? ¡Qué maravilloso!... ¿Cómo supo dónde estaba yo?...

—...

—¡Ah!, sí, sí... el artículo de los rascacielos que salió hace dos meses. ¿Y se molestó en preguntar por teléfono? ¿Por qué no me habla ella?... No la he olvidado nunca.

—...

—¿Así que viven en el Tigre? Cómo no... el tren que sale a las dos y cuarto. Sí... ¿Ustedes me esperan allá...?

—...

—Sí, gracias... Hasta mañana... ¡Cuánto le agradezco! Hasta mañana...
Cuelga el tubo con gesto incoherente de tardío. Una avalancha de sensación inunda el acuario. Pero ¿por qué fue estúpido de cortar la comunicación tan inmediatamente?

Ahora recuerda que tenía tantas cosas que preguntarle. ¡Oh!, ¡qué estúpido que era!, sin embargo, no, mejor, necesita estar solo, coordinar pensamientos, saborear la felicidad que le caía del cielo. Por suerte no había nadie a su lado porque la voz humana en esos instantes le hubiera sido intolerable.

No hacía tres minutos que estaba bostezando malhumorado y ahora un rayo caído a sus pies rasgaba el telón de un mundo nuevo. Pero aquel rayo —se reía solo—, aquel rayo era infinitamente más prodigioso que aquéllos que abren una caverna al pie de un transeúnte paralizado por el terror. De modo que... ¿pero era posible eso?... Y sin embargo existían personas que no creían en los milagros. ¡Oh!... ¡oh!... Claro... no era posible... sensatamente posible que él saliera a la calle y les dijera a las personas: Ustedes tienen que creer en el milagro. O: es conveniente que crean en el milagro... El tono sería ése: es conveniente que ustedes crean en el milagro. No, no era posible. Sin embargo el Estado debía crear oficinas de personas destinadas a tal trabajo. Y Balder reía despacito, restregándose las manos.

Así que había sido necesario que pasaran dos años, que un amigo periodista le hiciera un reportaje sobre los rascacielos del futuro, que este reportaje se publicara, que dicho diario fuera a dar en un almacén del Tigre, que el almacenero envolviera con esa hoja medio kilo de pan y que este medio kilo de pan estuviese destinado a la casa de Irene, donde ella, al desenvolverlo, tropezara asombrada con su nombre, pues su nombre figuraba a tres columnas sobre un diseño de rascacielo futuro.

Inclinó la cabeza. ¡Estuvo tan brusco con la amiga! ¿Existía entonces el destino?

¿Lo que sucedía no era simplemente maravilloso? Chispas de sol corrían a lo largo de sus nervios. De modo que si la sirvienta de los Loayza no compra el pan en ese almacén, y el almacenero no lo envuelve en la hoja de diario donde estaba su artículo, y él... ¿Qué infinito y prodigioso juego de azar significa la existencia, entonces?

¿No estaba acertado al esperar el advenimiento de un suceso maravilloso?

Bastó un minuto, el repiqueteo de la campanilla de teléfono... y súbitamente el panorama de su vida cambiaba... Ya estaba en camino hacia el trampolín colocado a desmesurada altura. Posiblemente desde allí daría el gran salto mortal.

Dos años inútiles para producir este minuto definitivo. ¿Pero entonces?, ¿entonces la vida era semejante a una película de cine?... ¡Se imprimían noventa mil metros de cinta para utilizar tres mil...!

Movía la cabeza desconsolado de no poder comprender la extensión secreta de la existencia.

¿Si aquella noche en la casa de Irene no falta pan, ella no hubiera encontrado forma de comunicarse con él? Y sin embargo estaba allí aguardándolo. Y él aquí recordándola. Sin embargo... Pero entonces la vida, ¿qué cosa era la vida? ¿Existía un sentido oculto? ¿Por qué no se encontró con Irene, por ejemplo, en la calle? Y más sencillo que eso mismo... ¿Por qué no fue él al Tigre? ¿Era indispensable que se acumularan tal exorbitancia de casualidades para verse? No. ¿Y entonces? Realmente, lo ocurrido ¿no era consecuencia de su semiimbecilidad? Se parecía en cierto modo al hombre que compra un motor de cien caballos para poner en marcha una máquina de coser. ¿O es que...?

No quería pensar. Permaneció instantes abstraído y de pronto sonrió cautelosamente. Algo se agazapaba en él. Escribió tres líneas que dejó sobre su escritorio y se puso el sombrero. Al salir del ascensor y encontrarse frente a la calle, no sabiendo qué hacer, se introdujo en un café. Golpeó en la realidad como tropezando con el plano del pecho en un alambre extendido.

Bajo pantallas de vidrio esmerilado jugaban al billar dos suboficiales. El choque de las bolas alargaba su percusión entre la voz de los lavadores de escudillas que discutían en el mostrador. Se arrinconó en el fondo del establecimiento, junto a una divisoria de madera y las siluetas de los parroquianos se recortaban en las vidrieras del frente de la calle, semejantes a sombras chinescas.

Indudablemente, se encontraba en presencia del desarrollo de la segunda etapa de su vida. Su SOS había sido escuchado. Y la alegría se oscurecía de tristeza, su deslumbramiento retrogradaba al rojo del hierro que se enfría y oxida al salir del crisol. Repentinamente le parecieron hermosos sus días anteriores. ¡Qué comodidad aquélla de esperar un suceso extraordinario sin que nada perturbara el presente anodino! Y sin embargo la vida de los otros era así. Por el cortinaje corrido del compartimiento de «familias» veía la espalda azul de una señora, cuya mano se movía a veces sobre una taza, en torno de una bandeja. ¡Qué quietísima la vida de los otros!

Entre seis campanas de vidrio donde la luz dejaba perfiles de níquel, un mozo desteñido, lívido, fichaba consumiciones en la máquina registradora, y los planos inexpresivos de su semblante no se diferenciaban de los de otros rostros que estaba acostumbrado a encontrar allí. Sin embargo su SOS había sido escuchado, es decir que tenía que jugar con precaución. No podía explicarse el motivo, mas presentía el desarrollo de un misterioso combate.

Renacería o moriría definitivamente. No eran conjeturas, sino evidencias desprendiéndose de su interior en leves nubecillas, mientras dejaba estar los ojos, abstraído, en un gran espejo semicircular que, tras del mostrador, moteado de bufach[2], servía con la repisa de su base, un muestrario de botellas panzudas, porrones de tierra color hígado, frascos negros con etiquetas doradas y envases esterillados. Los entrantes y salientes de la luz ponían una línea multicolor y casi movediza.

Recordó más tarde que ni un instante tuvo la idea de rehuir el misterioso combate. Estaba obligado a descorrer un lienzo negro que ocultaba los accidentes del camino hacia otra vida, cuya estructura inadivinable lo atraía. Su estado psíquico presente era semejante al del guerrero del libro histórico:

«Et antes de entrar en batalla se me ponía una gran grima et tristeza en el corazón».

Un lustrador de botas le ofreció sus servicios, lo rechazó, y el otro con un hombro sumamente inclinado se alejó con lentos pasos.

¿Y su esposa? La asociaría a las posibles desgracias que podían nacer de aquel reencuentro con la terrible jovencita. Un golpe de piedad lo estremeció por los seres que conocía. Mas ¿qué podía hacer él? Era inevitable transitar el camino abierto por el llamado telefónico. Sí. Lo requería la monotonía de su existencia. No podía retroceder. Demasiado tarde. Después de aguardar años el acontecimiento extraordinario no iba a huir del diablo que ahora se presentaba. Sí, aunque fuera el mismo demonio con contrato. Y leyó con sonrisa burlona, la lista de cócteles en letras blancas sobre una pizarra negra:

Metropol.
Rubor de niña.
Ferrocarril.
¡Qué nombres ridículos! Sin embargo el ferrocarril se ligaba al rubor de niña ¿Existía el rubor de niña? ¡Qué grotesca la comedia humana! ¿Y la coincidencia? ¿Los nombres de cócteles asociados a su destino? Era inútil. No retrocedería.

A medida que transcurrían los minutos, sus nervios desprendían borbotones de frenesí.

Rubor de niña. En sus ojos giraban los suboficiales jugando al billar, los lavadores de escudillas, las sombras chinescas junto a las vidrieras, más allá un vigilante azul levantaba el brazo, en la esquina dobló un camión verde, borbolló el hervor de un escape de vapor en la máquina de café y los latidos de su corazón se acentuaron de tal forma, que le pareció que dentro del pecho un leñador misterioso descargaba hachazos tremendos. Había soslayado durante dos años el encuentro y ahora se hallaba a pocos minutos del suceso. Algunas horas... ¿cuántas horas tenía un año?... Dos años. ¡Y no faltaban más que veinticuatro horas! ¿Acaso no se componía su vida de la espera de ese minuto? Había vivido veintisiete años para aguardar las tres de la tarde de aquel día cuyo tictac de corazón, como un leñador, hachaba leña en el interior de su pecho.

Experimentó ansiedad de desvanecimiento, flojedad de los miembros; estaba suspendido a tan extraordinaria altura, que la profundidad vidriaba su vacío como la piel de un monstruo repugnante.

Se dominó. Era preciso ser dueño de sí mismo. Evocó personajes de novelas que impresionaron su adolescencia, la actitud de éstos cuando se encontraban frente al «suceso extraordinario» de sus vidas. ¿Cómo se comportaría él?

Fijó la mirada en la calle; al volverla al salón, se encontró deslumbrado y ciego y su fuerza se cohibió en la proximidad del encuentro con Irene. ¿De modo que era imposible recusar el destino? Y no cabía duda que la primera entrevista iniciaría las etapas del suceso extraordinario. Si no, ¿a qué causas atribuir estas tres singularidades? El deslumbramiento que experimentó junto a Irene cuando la conoció.

Resistencia oscura e inexplicable de volver a verla.

El juego de azar que permitió a la jovencita comunicarse con él. ¿No estaba al margen de toda lógica que Irene lo recordara a través de dos años?

A un hombre que razona de esta manera sería dificultoso convencerlo de que lo que le ocurre es una aventura vulgar. Ciertos seres humanos vivirían disconformes si perdieran su creencia de que «el más allá» se ocupa de ellos. Balder pertenecía a este grupo de vanidosos, pero no nos inmiscuyamos a juzgar los desdoblamientos de su conducta.

La víspera del encuentro con Irene estaba seguro que de su actitud al presentarse nuevamente ante ella, dependía o no la prosecución del «suceso extraordinario». Se encontraba por analogía en la posición de un estudiante que debe rendir examen sobre una materia imprevista. Este advenimiento conviene relacionarlo con las tres singularidades antes particularizadas.

Con la mirada fija en el espejo semicircular moteado de amarillas pintas de bufach, soliloquiaba:

—Tendré que satisfacer determinadas exigencias, no cabe duda. Sólo un imbécil puede admitir que lo invitan a un reencuentro por su linda estampa. Y yo seré un idiota, pero en relativo grado. De cualquier modo lo más conveniente es ocultar bajo siete llaves la personalidad irónica, porque si no... Es indiscutible... un burlón suscita siempre desconfianza. ¿Una farsa entonces? ¿Y si hiciera la del hombre agobiado por el peso del destino? Esa comedia puede parecer incompatible con el cálculo infinitesimal... ¿Mas en realidad no estoy yo acaso agobiado por el peso del destino? ¿Acentuar entonces lo que soy? Acentuarlo artísticamente... ¿Por qué cavilo tantos disparates? Cuando me encuentre frente a Irene me olvidaré de todo esto. (Veremos más adelante cómo no se olvidó.) La verdad es que dentro de algunas horas habrá terminado mi vida antigua. Sólo el diablo sabe lo que me espera.

La incertidumbre de lo que advendría lo consumía en un derretimiento de cera.

Pagó lo consumido y se lanzó a la calle.

Al día siguiente estaba otra vez en el andén número uno de la estación Retiro, bajo la cúpula semejante a un hangar de zepelín.

El tañido de una campana vibró en el aire. Echó a correr para no perder el tren, se dejó caer en un asiento del mismo lado en que viajara la primera vez con Irene... ¡Habían pasado dos años!... ¿Para qué?, si ahora estaba en marcha nuevamente hacia ella. Y se repetía esto pues le resultaba inadmisible esa fracción de tiempo: dos años...

Nubes dentadas como engranajes brillaban en una desolación de cordillera de mármol, el estrépito del tren duplicaba la violencia de su orgullo y de su felicidad, el viento le golpeaba en la frente con bruscos abanicazos y el suceso extraordinario se realizaba.

¿No era maravilloso que la criatura lo recordara a través de dos años? Miraba a la vía, los mismos edificios estaban en el mismo lugar y, sin embargo, habían pasado dos años.

Experimentaba alegría del viajero que vuelve de una accidentada distancia. Reconocía las terrosas vueltas del camino: por allí, la primera vez que iban juntos, pasó una cabalgata. Una chimenea humeaba tras el techo de dos aguas de un chalé, allí también estaban las canchas de tenis... Y habían transcurrido dos años...

Experimentaba tristeza y alegría. Se imaginaba que Irene lo aguardaba impacientemente en la estación de Tigre... Irene... Irene... qué nombre extraño y duro... Y era ella y no otra la que lo esperaba. Los ruidos se encajonaban en las calles transversales. ¿Cómo sería su amiga?... Quizás una joven rubia, alta... Luego perdía el hilo de su pensamiento, y abstraído, despegado de la noción del tiempo, se dejaba estar en el vórtice de aquella velocidad que lo conducía a través del espacio al cumplimiento de un indeclinable destino.

Estaba cada vez más cerca, el tren se detenía en todas las estaciones y el panorama le parecía inverosímil, como si estuviera viviendo a través de un sueño. Miraba las cosas, y entre el acto de fijar la vista en un objeto y la comprensión de la forma del mismo transcurría un intervalo de tiempo, que le dejaba en las pupilas la sensación de mirar una fotografía borrosa debido a un movimiento del objetivo.

Algunos hombres con pantalones arrollados hasta las rodillas se movían en una orilla herbosa que entraba largo trecho al río. La fatiga lo anonadaba en su asiento y, a pesar de que las ventanillas del vagón estaban abiertas y los ventiladores giraban sus paletas, se sofocaba de calor. Posiblemente lo afiebraba su impaciencia.

Iba hacia Irene a cincuenta kilómetros por hora y no llegaba nunca, nunca. El misterioso hachador seguía cortando leña dentro de su pecho. Balder aspiraba profundamente el aire.

Se detuvo el tren, Estanislao fijó la mirada incoherente en la barandilla de madera encalada que limitaba el andén. La impaciencia fustigaba más a prisa su deseo, no era posible volar y, desencantado, se recostó en el ángulo de su asiento. Estos minutos no tenían la longitud física de dos años, pero en el interior de ellos se desgastaba con una rapidez vertiginosa, la fuerza le parecía que se le derretía por la punta de los dedos. La sombra de un eucaliptal entró al vagón, la celeste cúpula del cielo parecía girar sobre un eje invisible y en la tarde redonda era imposible orientarse hacia ninguna dirección terrestre.

Estaba suspendido entre cielo y tierra.

Puso los pies sobre el acolchado de cuero del asiento frontero y cerró los ojos. El petardeo de las ruedas en la juntura de los rieles atravesaba sincrónicamente su masa de carne. Iba hacia lo desconocido a cincuenta kilómetros por hora. El borde del respaldar trepidaba bajo su nuca. Cuando abrió los ojos estaba en Beccar. Tras los finos penachos de los pinos que rodeaban la estación parecía circular una película de vidrio celeste, las puntas de las ramas se movían con una tal precaución de cristal que se hizo presente en su conciencia una estática actitud de su infancia, frente a otro árbol de verde sombrío.

Quería evitar ingerencias de pensamiento en su deliquio. Dijérase que el tren resbaló en un envión hasta Victoria, porque no había transcurrido según Balder un minuto desde su salida de Beccar. El convoy cumplía sus etapas con precisión matemática, la próxima era San Fernando... y después... Por un alambrado sendero de carbonilla andaban unos hombres y filtraba en el aire un hedor de adobes, la marcha del tren disminuyó, sintióse empujado fuera del asiento. Estaban en San Fernando. No tuvo tiempo de reponerse... había esperado dos años... y allí, a unos pasos... Otra vez estaban en marcha, Tigre era la siguiente estación. El leñador misterioso hachaba con más violencia en su pecho, mecánicamente se arregló el nudo de la corbata. Higueras de hojas marchitas resbalaban ante sus ojos, quedaron atrás paredones rosas, el petardeo se sucedía implacablemente martilleando distancia en las juntas de los rieles, el tren casi interrumpió su carrera. Asomó la cabeza por la ventanilla, estaba en una curva entre pastizales. Por la oblicua distinguió un puente rojo.

El tren se detuvo, él bajó de un salto. En el andén no había nadie. Miró consternado, luego, apresurado, atravesó bajo cruceros de madera marrones con aisladores de porcelana en las crucetas, leyó un letrero blanco en letras celestes: «Sala de espera para señoras». Una tufonada de petróleo golpeó en sus narices. Entró. Sobre el fondo de un zócalo alquitranado, a la orilla de un banco verde, aguardaban dos mujeres. Estiraron el cuello, una le lanzó la oblicua saeta de su mirada astuta. Era ella. La contraluz no le permitió reconocer a Balder y su recelo de espionaje matizó, instantáneamente, en él la visión del pecado furtivo. A través del vidrio turbio de su emoción, Estanislao clasificó vertiginosamente a la amiga: «desvergonzada, enérgica, dispuesta a todo», y quitándose el sombrero adelantóse a ellas. Otro pensamiento rapidísimo le advirtió: «ojo a la comedia», y tratando de aparecer cohibido por la timidez, exclamó frente a Irene:

—¡Usted!... ¡Usted!... —Mientras que la jovencita se sobresaltaba en el reconocimiento definitivo.

—¿Usted, Balder...?

Él respiraba afanosamente como sí hubiera corrido un largo trecho. Repitió, aparentando embargo de emoción tremenda:

—¡Usted!... ¡Usted!... —Y sinceramente sentía deseos de llorar, mas como este impulso era invisible movía la cabeza consternado tal si no pudiera creer en semejante prodigio. No lo condenemos por su comedia. Estaba rindiendo examen, salvando el «suceso extraordinario de su vida».

—Siéntese —indicó la amiga de Irene.

Balder obedeció fingiendo torpeza. En vez de hablar, permaneció con el sombrero sobre la rodilla, contemplando en éxtasis a la jovencita de mirada gatuna, como la definiría él más tarde. Irene también estaba emocionada. Balder repitió:

—¡Usted! ¡Cuánto he pensado en usted! No se lo imagina.

Meneaba la cabeza como si no terminara de convencerlo el milagro de su presencia.

Y lo grotesco de su comedia sincera, lo acicateaba a superarse, gozaba simultáneamente la mentira del enternecimiento exagerado y lo efectivo de su emoción profunda.

Semejante conducta motivó más tarde el siguiente comentario en la amiga de Irene:

«Un hombre humilde y bueno, sumamente enamorado» —mas como no era posible que permanecieran allí en sobrecogimiento de deliquio, Irene le presentó a su acompañante:

—¿Se acuerda, Estanislao, de aquella noche que lo cité y no pude ir? Ésta es la señora a quien le daba clase de música.

Callaban y no se fatigaban de mirarse y examinarse.

—Sí, es casi seguro que voy a ingresar de corista en el Colón.

La conversación saltante picoteaba temas de música, teatro, arquitectura y amor. Balder explicábase aturdido, sus palabras revoloteaban levemente incoherentes, tanto que se escuchaba con extrañeza, mientras sus sentidos permanecían suspensos como en la enrarecida atmósfera de una alucinación. Cierta prisa subterránea, la de poner en íntimo contacto a sus almas, les hacía decir a momentos muchas tonterías. Por instantes, la señora entornando los ojos dejaba entrever que era desdichada, luego una sonrisa picaresca borraba el pasado, se refería al futuro y, como al hablar accionaba, su vestido de seda negra crujía, al tiempo que la blanca piel de su cuello empolvado seguía las ondulaciones de su voz.

Irene, en cambio, permanecía silenciosa, fijos sus ojos estriados de rayas amarillas en los ojos de Balder; asentía a la conversación con movimientos de cabeza y su sombrero de paja rosa enmarcaba su carita pálida con las líneas de sombra quietas de atención. Apoyaba una mano en el brazo de Zulema y, a instantes, miraba inquieta en redor.

Llegó un tren y subieron. Iban para Buenos Aires. Irene no hablaba. Balder se sentía tenazmente observado por ella. De pronto, él exclamó:

—¡Ah!, cuénteme lo del diario...

Zulema dijo:

—Usted no creerá todo lo que hemos hablado de usted... Irene la tomó de un brazo a Zulema, como pidiéndole reserva, pero ésta continuó:

—No se imagina. ¡Tonta! ¿Por qué no le voy a contar? Fíjese que cuando tomamos confianza me contó Irene que una vez había conocido a un ingeniero en Buenos Aires... ¿Usted es ingeniero, no?

—Sí.

—Y no hacía nada más que pensar en usted. Leímos sus cartas.

—Ah, sí... aquellas cartas...

Irene explicó:

—Yo no tenía su dirección y como cambiaron turno en la academia... Iba de mañana...

—Bueno, ella recordó que le había dicho una vez que vivía en Belgrano. Fíjese qué casualidad, yo tenía una amiga en Belgrano a quien le presté unas óperas... Fuimos a reclamárselas aunque no las necesitaba y preguntamos en varios almacenes si no conocían a un ingeniero Balder... pero nadie nos supo dar razón de usted.

Estanislao recibía magnitudes de admiración frente a ese interés que se desenterraba en un pasado desconocido y que, habiendo estado latente en él, lo dejó contrarrestar por aquella misteriosa pereza de «iré mañana».

Simultáneamente sentíase humillado, inferior a Irene. ¿Por qué no había ido al Tigre? ¿Por qué permitió que Irene se demostrara más consecuente con sus propios deseos? Su actitud no revelaba una cobardía que podía ser peligrosa en el futuro. Mientras Irene pensaba en él, incluso buscando la forma de encontrarlo, él soslayaba el llamado. Y no sabiendo de qué modo excusarse, dijo:

—¡Qué notable!... Realmente, qué notable, todo esto.

—Nos fijamos en la guía de teléfonos... Había varios Balder pero ninguno ingeniero.

—Yo ya había perdido toda esperanza de verlo.

—No es para menos.

—Imagínese ahora mi sorpresa, cuando llega el otro día Irene y me dice que podíamos averiguar su dirección preguntando en el diario por usted...

—Ah, cuente eso, Irene, que es maravilloso.

—Resulta que era la hora de cenar y faltaba pan. Mamá llamó a la sirvienta y la mandó al almacén. Trajeron el pan, yo lo desenvuelvo e... Imagínese mi sorpresa... al ver su nombre en letras grandes...

—Fue un reportaje que me hicieron...
—Me quedé pálida, el diario tenía la fecha de dos meses atrás...
—Ah... Usted no vio el artículo en cuanto salió...
—No... el diario tenía la fecha de marzo... Estamos en mayo...
—Qué notable...
Intervino Zulema:
—Al día siguiente, la pobrecita me trajo el artículo completamente emocionada. Me puse a pensar y me dije que era lógico que en el diario tuvieran su dirección...
—Claro... claro...
—Pregunté tres veces. La primera vez me dijeron que no sabían, después nos atendió otro señor que dijo le preguntara al día siguiente y por fin... Ya ve... aquí estamos...

Callaron en la evocación de los sucesos, luego la conversación se reanudó, cambiante de impresiones, vivaz. Balder, olvidando la comedia que tenía que desempeñar, charlaba hasta por los codos, con la espumosa alegría de un ebrio. Su conducta a instantes hacía pensar que era un cínico un poco aturdido, y ése fue el concepto que de él instantáneamente se formó Irene. Pero Balder reparaba en la corista que lo observaba y cuya fácil efusividad dejaba entrever un fondo duro, algo así como una frívola crueldad que, en un momento dado, es capaz de responder, donde otro se enternecería:

—¿Y a mí qué me importa...?

Para que Balder se formara una importante idea de ella, alternaba reflexiones lógicas con desatinos sentimentales:

—¿Qué opinaba de Rodolfo Valentino? —Ella estaba segura que no había muerto; viajaba de incógnito por la América del Sur, casi afirmaría que una vez lo había visto merodeando por las calles de Tigre.

No quedaba duda que era una desorbitada, con un superficialísimo barniz de urbanidad. Y mientras Zulema desbarraba, Balder no podía hacer menos de preguntarse:

—¿Cómo la madre de esta chica permite a su hija salir con una amiga tan loca?

Balder era injusto en su apreciación. Zulema, cautivada por sus modales, se expansionaba ante un hombre a quien creía un artista; es decir, un individuo despojado de conceptos burgueses. Ella «creía en el amor espiritual». Balder también creía en el amor espiritual, pero le resultaba ridículo que una mujer casada convirtiera en tonterías estados de sensibilidad reservados para almas muy doloridas y sacrificadas en la penitencia de sus trabajos internos. Zulema, dejándose arrebatar de su frivolidad bulliciosa, exclamaba:

«¡Oh, el arte, la belleza!», mas como Balder tenía un concepto severo del arte y de la belleza, estas palabras le sonaban a hueco. Además, ella exageraba un poco la nota. Estaba desempeñando una comedia para aumentar su prestigio ante el hombre que amaba a su amiga. Balder, acostumbrado a catalogar a las personas de una mirada y a no equivocarse nunca en sus juicios, observaba a Zulema como a un fantoche que no podía reservar secretos para él. Y todo buen jugador, por tramposo que sea, por amor propio, desea siempre encontrar un adversario digno. No se estudia cálculo infinitesimal para que luego se nos pregunte cuánto es tres por tres.

La única que guardaba allí una actitud interesante era Irene. No hablaba. Miraba obstinadamente a Balder y sus ojos verdosos parecían, a momentos, iluminarse de un interno resplandor de burla, como si dijera:

«Hable no más... Hable... Yo veo más profundamente de lo que usted supone».

Su mirada inquietaba y perseguía a Balder. Sentíase espiado y conversaba más aún. Al mismo tiempo cavilaba:

«Esta chiquita parece astutísima. Tendré que hablar con ella a solas. ¿De dónde habrá sacado a esta otra mujer? A momentos parece que se ríe de mí. Nos escucha, pero de todo lo que hablamos, muy poco le interesa. ¿Por qué no habla?».

—Nosotras tenemos que bajar en Belgrano para hacer una diligencia —dijo Zulema.

—Vamos a lo de una familia —agregó Irene.

—¿Cuándo nos podremos ver entonces? —arguyó Balder.

Las dos mujeres se miraron entre sí y Zulema le contestó:

—Si le parece el jueves, en la esquina del Conservatorio Nacional, Libertad y Tucumán. A las cuatro, cuatro y cinco.

El tren frenaba. Se despidieron. Nada más. Balder las vio rodear la calzada, donde había mesas de hierro pintadas de amarillo frente a una cervecería.

Ellas se volvieron cuando el tren se puso en marcha, lo saludaron con la mano y Balder, después de verlas desaparecer tras el tronco de un árbol, se respaldó en su asiento, miró el rostro de una pasajera que atravesaba el pasillo con un ramo de rosas.
—¿Esto es todo? —Pero esa noche no durmió.

Caminando al azar

Balder levanta la cabeza y ve reír con carrillos curvados en voluta los mascarones griegos que rematan, de veinte en veinte metros, bajo el reverbero de un cielo de plata, la balaustrada del Conservatorio Nacional.

Baja la vista. En los frisos, grupos de amorcillos pergeñan una gárrula festividad latina. Los venablos de sus arcos traspasan corazones de cemento y, desde la altura de la ochava esquinada, dos lienzos de muralla sucia caen oblicuamente hacia el oeste y el norte, recuadrando de este modo una masa invisible de ciento treinta mil metros cúbicos de arte, que comprende el Teatro Colón y el Conservatorio Nacional. Experimenta inexplicable cariño hacia este enorme edificio, decorado de balconadas, capiteles, columnas jónicas y dinteles curvos. Los ojos se le enturbian de emoción. Irene estará allí adentro, vaya a saber en qué salón sombrío, dando lección de canto ante un profesor caduco. En la espera de su salida, fija la atención en los grupos de personas que conversan frente a las puertas de madera del edificio, con vidrios ferrados por verjas sarmentosas. Ujieres uniformados de azul pasean ante los escalones de mármol. Paneles de piedra amarilla, en recuadros corintios, ponen su cartelera jaspeada en el gris sucio de las murallas. En el primer piso, las ventanas exhiben vidrios blancos de sanatorio. Entre los juegos de columnas hay polvorientos trofeos de abundancia y lirismo. Balder mira hacia el oeste. El soleado fondo de la calle Tucumán, con curvas de asfalto bajo las manchas verdes de los árboles, está cerrado por un plinto de piedra con columna de mármol rematada con un general de bronce. Los cables de corriente eléctrica cortan la altura sutiles como hilos maestros de una tela de araña recién comenzada. Balder mira nuevamente hacia la puerta del conservatorio e Irene no sale.

En la balaustrada, los mascarones griegos tiznados por el reverbero del cielo de plata parecen ahora con sus bocazas abiertas morder un sarcasmo.

Alborota la campana un motorman en la plataforma del tranvía y Balder impacientado entra al café frontero.

Entre paredes de madera decoradas de espejos, innúmeros parroquianos juegan a los dados y conversan de la temporada lírica, techados por un plafón blancuzco cuya poca altura multiplica extraordinariamente la bulla de aquel conjunto de partiquinos, comprimarios, maestros de música, maquinistas y bailarines.

En la calle, frente a los radiadores de tres automóviles detenidos, dos criaturas de guardapolvo blanco, cruzan la calzada en un triciclo con llantas de goma, el vigilante azul mira a los chicos en meditación de si existe o no una contravención municipal, los niños suben a la vereda, el vigilante azul hace una señal con el brazo y, en el café, el estrépito se renueva infernal, desde todas las mesas.

Grupos de conversadores desde la vereda charlan con los de adentro, apoyados de codos en el zócalo de las vidrieras. Balder mira el reloj, son las cinco. Irene ha quedado en salir a las cuatro. Alberga dudas, el hachador misterioso corta leña en su pecho, busca en redor y le pregunta al mozo:

—¿Qué día es hoy?

—Miércoles.

—Cómo... ¿hoy no es jueves?

—No... Es miércoles...

—¿Cómo va a ser miércoles hoy?...

—Hoy es miércoles... vea —el mozo recoge un diario de la tarde de la mesa y Balder se da una palmada en la frente. ¿Cómo va a venir Irene si ha quedado en que la vería el jueves a las cuatro de la tarde? Balder sonríe aliviado y sacudiendo la cabeza, paga, se levanta y piensa:

—Estoy mal... Esa chica me va a trastornar el juicio.

Al día siguiente paseaba otra vez por la esquina del Conservatorio Nacional. A las cuatro y cinco un grupo de alumnas se arremolinó en la salida sobre Carrito y de aquel conglomerado de colores perpendiculares movedizos, se desprendieron Irene y Zulema.

Había refrescado. El borde tableado de su vestido de seda rosa se escapaba del ruedo de una capa celeste, un cuello de armiño seguía la curva de su rostro y, bajo el sombrerito de castor blanco, su cara aparecía más tiernamente pálida, bloqueada por las muescas de sus rulos negros. Avanza con indolencia elástica, llevando la cartera con desgano, mientras su otra mano mantenía unidos los bordes de la capa que le ceñía el cuerpo acentuando la curva de sus caderas y la solidez de sus pies calzados con zapatitos marrones.

Zulema, a su lado, vestida de seda negra, con los labios rojos ligeramente entreabiertos, lanzaba rápidas miradas hacia el café de la esquina. Saludó a dos perdularios que tenían el sombrero en la coronilla y que apenas se descubrieron. Cuando llegaron a la esquina, cruzaron la calzada con rápidos pasos; Balder estrechó efusivamente las manos de Irene, ella quedó tiesa muy junto a él. Zulema, después de los primeros saludos, les dijo que le era imposible acompañarlos porque tenía que asistir a unos «ensayos complementarios» y, recomendándoles un picaresco «pórtense bien», se despidió apresurada. La vieron alejarse con los rápidos pasos de sus piernas cortas. Balder exclamó:

—¡Por fin solos! —Y tomando de un brazo a Irene, comenzaron a caminar a lo largo de la calle Tucumán.

Nuevamente estaba triste y emocionado junto a la criatura cuyos ojos felinos le clavaban en el alma una dulce interrogación. Sobrecogimiento crepuscular, quizás angustia de saber que nunca podría pertenecerle ésa tan preciosa flor de carne que apoyada en él, avanzaba con cortos pasos, fijas las desteñidas pupilas en las veredas chapadas de sol y los muros oscuros de sombras. A momentos hablaban.

—¡Cuánto te he querido! —murmuró.

—¿Y yo? No lo olvidé nunca. Al principio no lo recordaba... Pero después de un tiempo, comencé a pensar en usted. No sé lo que me pasaba...

—¿Y yo...?

Cambiaban palabras lentas, espaciadas como por el placer de escuchar el ruido de una piedra que cae en un pozo y no termina nunca de chocar con el fondo.

—¿Estás contenta?

—Sí, muy contenta.

Al hablar, Irene volvía el rostro sobre el cuello de armiño hacia Balder y cada frase suya quedaba temblando y casi suspendida de entre sus labios entreabiertos como para recibir un beso. Balder intentó acariciarle la mejilla. Ella se oponía débilmente, apoyada en un hombro, con la mano de él que pasaba bajo su brazo; apretada entre sus deditos enguantados.

Parecían dos convalecientes que han orillado una peligrosa enfermedad.

—¿No nos separaremos más, no?

—No, no nos separaremos más...

Creció su voluptuosidad. En un momento, la tomó de la cintura y le besó la mejilla, sin ver a los transeúntes que giraban la cabeza, las mujeres honestas que les arrojaban furiosas miradas, los ciudadanos pudibundos que se indignaban contra el Jefe de Policía, ni las colegialas que los seguían con largas miradas.

Como si estuvieran en un desierto, cruzaban impasibles las bocacalles. No escuchaban los desesperados bocinazos de los chóferes ni las campanas de los tranvías. De pronto, Irene fijó la vista en un reloj colgado frente a un comercio y exclamó:

—Las cinco. Tomemos el tranvía que si no voy a llegar tarde a casa.

Puntos oscuros

Ahora están bajo un arco de acero de la estación Retiro, en el andén número uno. Balder mantiene fijos los ojos en las aleonadas pupilas de Irene y, de pronto, tomándola de un brazo le dice:

—Chiquita. ¿Si te hago una pregunta íntima no te vas a ofender?

—No.

—¿Me prometés decirme la verdad?

—Sí.

—Decime... ¿sos virgen?...

—Balder... qué pregunta... Claro que sí... ¿Por qué me preguntas eso?

—¿Estás segura que me decís la verdad?

—Sí...

—Bueno... entonces no hablemos más... ¿Te parece? Creo en lo que me decís y basta.

—¿Por qué me hacés esa pregunta?...

—Nada... una ocurrencia.

Irene se queda observándolo recelosa. Mueve la cabeza como diciendo: «qué hombres éstos...». Y Balder piensa:

«Qué desgracia. Para mi felicidad, hubiera sido preferible que tuviera un amante».

—¿Qué pensás, Balder...?

Sonríe casi irónico y muerde con palabras:

—¿De manera que sos una señorita?... Una señorita de diecisiete años... Lo más grave es que sos linda, Irene, y que me gustás mucho... y además, ¿querés que te diga una cosa?... te miro y siento que estás dispuesta a entregarte a mí... A entregarte por completo. ¿No es cierto? Mírame a los ojos, criatura. ¿Vos creés que te quiero, no?

—Sí...

—Bueno... estate tranquila... todavía no te deseo como para pedirte que te me entregues.

La mirada verdosa de la jovencita se agranda en el iris y enturbia en amarillos de pintas de oro.

—Decime, Irene, ¿me querés?...

—Sí, te quiero mucho...

—Bueno... eso me basta por ahora... Yo también te quiero, te quiero mucho.

Rechinando lentamente se detiene el convoy en la orilla del andén.

Irene sube; de pronto, le dice:

—Cuidate que pueden vernos.

Él se aparta penosamente.

Desde entonces se veían casi todas las tardes.

A medida que pasaban los días, Balder se sentía más y más ligado a la jovencita. Ella se abandonaba a él con tanta dulzura femenina que Estanislao recogía de su entrega todas las satisfacciones que pueden conmover una sensibilidad masculina.

Irene llegaba a Buenos Aires acompañada por Zulema. Balder no podía establecer con claridad qué género de relaciones Irene mantenía con ella, ni la vida que esa nueva amiga suya parecía llevar. Sospechaba que Zulema engañaba a su esposo, interrogó varias veces a Irene, pero ella negaba rotundamente tener el más mínimo conocimiento de nada semejante. «No,

Zulema era una mujer honrada que había padecido mucho por culpa de su esposo». «Él con su mala conducta mató el amor de ella». E Irene mentía. Mentía gratuitamente y conocía varios sucesos que más tarde se aclararán. Por otra parte, la conducta de Zulema era sospechosa y extraña.

Carecía de escrúpulos y admiraba la relación de Balder e Irene, como se admira un bonito cuadro o un emocionante paisaje. Balder recordó que una vez viajando hacía Tigre, Irene con la cabeza apoyada en su hombro, y Zulema frente a ellos, ésta de pronto movió desconsoladamente la cabeza y los ojos se le llenaron de lágrimas. Irene, apartándose bruscamente de Balder, apoyó una mano en su falda e, inclinándose hacia ella, exclamó:

—¡Pobre Zulema, pobre Zulema!

—¿Qué tiene usted? —preguntó Balder, mas ella se negó a contestar. Por las miradas, que cambiaba con Irene, Estanislao comprendió que las dos amigas se comunicaban mentalmente respecto a algo que él desconocía.

Experimentó gran piedad por Zulema a pesar de que no la estimaba. Como todos los egoístas juzgaba muy útil su conducta liviana mientras le sirvió de puente con Irene, pero muy detestable su moral, para complacerse en el trato que ella mantenía con la jovencita.

Consideraba perniciosa su influencia y, movido de este convencimiento, Balder descubrió en Irene puntos oscuros que sobresaltaban su sensibilidad. Estaba en cierto modo colocado frente a ella, como un peligro que podía herirle inesperadamente. Más tarde, nunca pudo olvidar la impresión que le produjeron estas palabras de Irene. Ella se refería al carácter de su hermana Simona a quien Balder no conocía:

—Es una idiota que toma la vida en serio.

En otra oportunidad, a Zulema se le escapó:

—Cuando la señora Loayza leyó su proyecto de los rascacielos dijo que usted era un «gilito». —Zulema se mordió los labios después de semejante indiscreción mas no pudo darse cuenta si Balder había atendido a lo que le decía, pues él, señalando impasible la calle, le preguntó:

—¿No se fijaron en aquel hombre que estaba cayéndose junto a una puerta? —Ellas miraron por la ventanilla del tranvía, el espectáculo quedó atrás, mas el pensamiento de Balder molía el juicio denigrante que aquella mujer trabajó sobre su personalidad y se preguntó entre semiextrañado: ¿cómo, entonces me conocen en la casa de Irene?

A instantes le parecía haber caído en una red de la cual apenas si se visibilizaban debilísimas tramas, luego decíase que estaba fantaseando y miraba con asombro a Irene que marchaba a su lado. Su seguridad misteriosa lo impresionaba, pues nunca mujer alguna se movió junto a él con la plenitud de confianza que animaba todas las actitudes de la jovencita. Balder se preguntaba:

—¿De dónde le nace tal seguridad? ¿Por qué Irene no se comporta conmigo como otras mujeres? —Ciertamente, la confianza de Irene guardaba un parecido muy singular al que se establece entre dos seres que han atravesado una intimidad profunda.

Él sabía que si le hubiera dicho a Irene: «vamos a encerrarnos en el cuarto de un hotel», ella lo habría acompañado. Lo real es que Balder dudaba, mientras ella estaba decidida.

En tanto, la subterránea decisión de Irene de entregarse a él trascendía a su vida en un equilibrio de movimientos y actitudes apasionadas, que aumentaban la magnitud de su cariño por la jovencita.

Únicamente le chocaba el entendimiento invisible entre Irene y Zulema.

Ésta acompañaba a Irene cuando venía del Tigre, y como las clases de canto eran simultáneas para ambas, salían juntas, aunque rara vez Zulema los acompañaba, pues alegando ensayos suplementarios los abandonaba en la esquina del Conservatorio.

Balder no creía en tales ensayos y esa desconfianza hacía que experimentara un interés malsano en conocer al esposo de Zulema. Cuando ella se refería a él, Estanislao quedaba perplejo pues no sabía a qué versión atenerse.

Unas veces lo describía brutal y grosero, incapaz de apreciar sus condiciones artísticas, «le había pegado, incluso llegó a reprocharle que no lavara los pisos en su casa», otras en cambio se enternecía hablando de él y hasta llegó a pedirle a Balder recomendaciones para los profesores que componían la mesa examinadora en el Conservatorio, «pues ella necesitaba ingresar como corista, para poder ayudar a su pobre esposo que estaba casi ciego».

De lo que no le quedaban dudas a Balder era que Zulema engañaba al mecánico. No tenía ninguna prueba, «pero estaba seguro de ello».

En cambio la conducta de esta mujer respecto a Balder e Irene era de lo más comprensiva:

Deseaba que fueran sensualmente felices, sin padecer los sufrimientos que a ella le enturbiaban los días.

Evidentemente se sentía desdichada.

Balder por su parte miraba crecer en su horizonte el gran peligro.

Vivía en pensamiento cada vez más junto a Irene. Su cariño se avivaba en la certidumbre de perder a la jovencita, pues no podía menos de presumir la actitud que ella asumiría el día que conociera su estado civil.

Como por otra parte dominaba a su instinto, en vez de aprovechar el transitorio enceguecimiento de Irene que se hubiera entregado a una simple señal, soslayaba estas dos situaciones que provocarían el suceso definitivo: la confesión y la posesión.

Escrúpulos

Balder, sumamente malhumorado (lucha con su conciencia), simula mirar el rincón de los rascacielos, superponiendo monoblocks amarillos en la celeste desolación del confín.

Suspira, el asiento cruje al girar hacia los muros como encristalados de gruesas placas de mica, y Estanislao, apoyando de pronto la frente sobre los brazos cruzados que aplasta sobre el escritorio, cavila su confesión:

—Es indispensable que le diga la verdad. Así no podemos seguir. Sería engañarla. No hay derecho. Ella es virgen. Cierto que el concepto de la virginidad es un prejuicio burgués, pero como ella vive entre burgueses, no tengo derecho a estropearle la vida. Supongamos que le ocultara la verdad. Llevaría continuamente un remordimiento que me privaría de disfrutar la felicidad que puedo gozar a su lado. No podré menos de preguntarme continuamente: ¿Irene me hubiera querido de saber que estaba casado? Esperar que Irene se entregue a mí para confesarle la verdad, es una felonía. Engendraría en ella una repugnancia atroz hacia mí.

—¡Qué desgracia! ¿No sería yo más feliz si ella se hubiese entregado a otro? ¿Le perdonaría a Irene haberse entregado a otro? Sí. ¿No es lo lógico acaso que siga el impulso de sus instintos? ¡Sin embargo!... ¡Pero no!... No hay lugar a duda. Ha jurado que es virgen. ¡Qué ridículo! La virginidad es para la mujer como un certificado de buena conducta. Pero qué me importa a mí... Cuando le pregunté si era virgen, no era por mí, era por ella. De cualquier modo, si le confieso la verdad me juego el destino; mas esto es preferible al engaño. ¿Me dejará? Pongamos que corte conmigo. No importa. Irene no podrá menos de pensar: «Este hombre se daba cuenta de que yo estaba dispuesta a entregarme a él y, sabiéndolo, no ha vacilado en confesarme la verdad. ¡Qué noble es!», y aunque no quiera, tendrá que admirarme, pues no se pasa impunemente frente a un alma bella.

Como se puede apreciar, Balder tenía un alto concepto de sí mismo. Continuó el soliloquio:

—Hay dos probabilidades. Una, que me rechace, otra, que me acepte. Por otra parte no me interesa tener relaciones con una mujer que haga hincapié en mi estado civil.

En esa circunstancia su espíritu de justicia le formuló una pregunta:

—¿Qué conducta asumirías con esta muchacha si presumieras que, al confesarle la verdad, te abandonaría?

—Le diría la verdad.

—¿Y si esta mujer es una simuladora que finge quererte, aunque estés casado, para enamorarte, y hacer que abandones a tu mujer?

—No me interesa que sea simuladora o no. Todo simulador actúa sobre una base de inteligencia, indispensable al desarrollo de su juego. ¿Qué me importa que Irene sea una comedianta, si lo que deseo es transformar mi vida con la fuerza que comunica una pasión? Y la pasión sólo puede existir a condición de que sea absolutamente sincero.

Retrocedió en su razonamiento.

—¿Por qué pensar que Irene es una comedianta? ¿Por qué admitir siempre lo equívoco? Me he acercado a ella, y desde el primer instante, no he hecho otra cosa que imaginar lo peor. ¿No consistirá en una táctica de lo subconsciente imaginar lo peor acerca de una persona, para disculparnos ante nosotros mismos del mal que le podemos acarrear? De cualquier modo, estamos a tiempo para olvidarlo todo.

Balder no reparaba que, comenzado un camino, es necesario recorrerlo hasta el fin. Más tarde, descubrió esa terrible ley que todos los seres humanos, o casi todos, llegan alguna vez a confirmar en el desarrollo de su existencia: la necesidad de llegar al final.

La confesión

Nuevamente aguardan los dos junto a la muralla, al lado de un enrejado arco de acero que soporta la nave de cristal.

No escuchan ni los secos tintineos de los paragolpes ni las pitadas reglamentarias de las locomotoras que maniobran entre pasajes de vagones. Balder mira abstraído, más allá de la techumbre de cristal, el andén iluminado por el sol. Quiere evitar el sentimentalismo de las despedidas inútiles, los saludos de los adioses sin esperanza.

Lentamente frena a un costado del andén el convoy que va hasta Tigre.

—¡Ah!... No. Mirá... hoy no puedo acompañarte. En cambio te he escrito para que te entretengas en el viaje.

Irene levanta la cabeza en un alerta que no se explica. Sus ojos se estrían de rayas aleonadas, tres finas arrugas de energía le rayan perpendiculares la piel de la frente pero su voluntad no se derrite frente a los setenta kilos de Balder que, con las manos en los bolsillos y el sombrero ligeramente echado hacia la coronilla, la mira serio, bebiéndole la expresión del semblante con ojos tristes.

«Soy un canalla», piensa vertiginosamente.

Irene deja caer una mano sobre el brazo del hombre. Su capa celeste entreabierta le permite a Balder mirar su pie calzado en un zapatito marrón. La orden salta casi violenta de ella:

—Vos no te vas. ¿Qué es lo que te pasa?

Balder la estudia irónicamente. Su cerebro trabaja rapidísimo. «¡Qué voluntad la de esta criatura! Me están traicionando los ojos. No puedo simular alegría».

—No me pasa nada. ¿O es que a uno tiene que pasarle algo?

Piensa:

«Soy un imbécil. He perdido todo control de mí mismo».

—¿Cómo no te pasa nada? Estás raro. Vos tenés que venir conmigo.

El disfraz de Balder se difuma en desaliento. Ha llegado la hora.

—Vos venís conmigo. Me acompañás. Pase lo que pase. —Percibe la fuerza de sus dedos prensándole el brazo.
—Subí... que sale el tren.
Irene se deja caer extenuada en un rincón del vagón, que reviste en la sombra la intimidad de un camarote de transatlántico, con sus persianas tableteadas a medio levantar y el lustre sombrío de sus asientos de cuero.
Nuevamente se sienten abalanzados a través del espacio a cincuenta kilómetros por hora. Otra vez el crujir de las entrevías, las sinfonías de tempestad metálica al cruzar los puentes; de pronto aparece la cobriza llanura del río e Irene, incorporándose en su asiento, dice:
—Dame esa carta.
Balder se la alcanza y queda mirándola. Es breve. No puede demorar en sobrevenir la demudación. De pronto ella deja caer las manos en la falda:
—¡No es posible!... Diga que no...
Su rostro se ensancha y crispa, grandes líneas de sombra ahondan en sus ojos dos triángulos desencajados.
—¡Qué vergüenza, Dios mío, qué vergüenza! Con un hombre casado.
Permanece caída en su rincón, floja. Un llanto silencioso descompone su rostro. Lágrimas brillantes corren por sus mejillas violetas.
—¡Qué vergüenza! ¿Por qué no me habré muerto?
El paisaje desfila ante los ojos de Balder como una película borrosa. Experimenta horror por su impasibilidad ante tamaño dolor. Un pasajero vuelve subrepticiamente la cabeza.
El rostro de Irene pasa del morado al violeta, como intoxicada por un gas. Balder no encuentra en el negro embudo de su alma una sola palabra de conmiseración. Por las cárdenas mejillas de la jovencita corren lamparones de cristal. Tendida en un rincón del asiento, el pañuelo junto a los labios, las pestañas mojadas, Irene filtra una mirada distante, mueve por momentos la cabeza, como apiadándose por su propio dolor inenarrable, se toma la frente con la mano, mueve la cabeza y gime:
—¿Por qué no me moriré, mamita? ¡Qué vergüenza!
Balder asiste a la escena vacío e impasible como un asesino. No se atreve a tocarla. Un solo pensamiento martillea en él:
«¡Canalla! ¡Sos un canalla! ¡Canalla! Sí. ¡Soy un canalla! ¡Canalla!».

Irene, encajada en el rincón del asiento, mueve desconsolada la cabeza. Se desfigura rápidamente como un cadáver. Su rostro parece un mascarón de cera y almagre con el cerco de ojos morados, las mejillas violetas, la frente oscurecida, los párpados inflamados con pestañas brillantes como hilitos de níquel. Mira a Balder y mueve la cabeza. Estanislao se siente más compadecido que si estuviera muerto. Su horror consiste en no poder gozar ni arrepentirse frente a esta compasión. Permanece impasible, semejante a un asesino. Sabe que, si en ese instante Irene tuviera un revólver y quisiera matarlo, él no se desviaría una sola pulgada. Y semejante convicción quizá le absuelve ante sí mismo. Simultáneamente se pregunta:

«¿Llora sus ilusiones muertas o mi matrimonio?».

No se atreve a decir una palabra. Cuanto pueda imaginar es tosco o estúpido frente a tamaño dolor de un cuerpo agobiado. Irene no lo mira. Sus ojos se detienen en un punto infijable de un respaldar frontero.

Por momentos a Estanislao se le figura que ella está totalmente sola en el mundo, cruza a cincuenta kilómetros por hora, en el ángulo del vagón, un desierto del cual ha huido la piedad terrestre. Por sus mejillas humedecidas, a veces corre una lágrima nueva y abre como un surco en la epidermis violácea, pero Irene no enjuga esta lágrima, permanece tremendamente ausente, mientras mueve con suma lentitud el rostro hacia izquierda y derecha.

Balder se reprocha:

«¿Por qué no tengo piedad de ella? ¿Por qué soy tan desalmado? ¿Qué comedia hacer frente a este dolor tan sincero?».

De pronto Balder toma de un brazo a Irene y exclama:

—Mirá. Quisiera hacer una comedia que pudiera aliviar tu sufrimiento. No puedo. Estoy completamente vacío.

Irene lo mira. Inclina dos o tres veces la frente hacia adelante, como diciendo: «Te comprendo».

Balder piensa:

«Cuánto mejor fuera que me injuriara, que me reprochara... pero este silencio... Este silencio lo ahoga a uno».

Y de pronto:

—Irene...

—Qué...

—Estás desfigurada. Así no podés llegar a tu casa. Es necesario que bajemos en la primera estación. Tenés que lavarte la cara. Estás horriblemente desfigurada.

El tren se detiene en Beccar. Irene desciende, bajando el rostro como un delincuente que esquiva las máquinas fotográficas de los reporteros. El andén solitario.

Balder necesita hacerse perdonar.

—Sentate... ¿no estás cansada?

Ella no contesta. De pie, contempla ausente un horizonte ennublado de color mostaza. Balder no sabe qué hacer y se sienta, pero no se atreve a respaldarse en el banco y permanece en la orilla. Se siente pequeño y estúpido, indigno de acompañar a la jovencita. Irene inmóvil, de pie, con la cartera suspendida de entre los dedos mira el horizonte, apoyada una rodilla en la contera de otro banco. Observa fijamente el cielo agrisado y amarillo, como si estuviera en un transatlántico, en viaje a lo desconocido, contemplando el océano. Balder evita sus ojos. Se siente vacío, casi extraño, a Irene. Es como una vejiga de la cual se ha escapado el aire. Piensa:

«Ningún impulso noble estalla en mí. ¿No es horrible tener conciencia de esto? Preferiría sufrir a esta impasibilidad. Y cuanto da decir es irrisorio y estúpido».

De pronto Irene camina hacia Balder. Él se pone de pie. Ella lo toma de un brazo y dice:

—Pase lo que pase, nosotros no nos separaremos. Quiero verte siempre, ¿entendés? Prometeme que vendrás.

—Te prometo.

—¿Me lo jurás?

—No te juro nada. Tengo un hijo de seis años. Te prometo por él, que vendré siempre.

Irene sonríe extrañada, maravillada:

—Un hijo de seis años... ¿vos?, ¡pero Dios mío!... —Y nuevamente Balder siente que ella lo contempla sin poder comprender los sucesos. Ahora le pone una mano sobre el hombro. Balder no se mueve e Irene insiste:

—Mañana quiero verte. Tenés que contarme todo.

95

Balder no puede excusar una mirada de desprecio. ¡La criatura pretende entrar en su intimidad! Balder quisiera reírse a carcajadas. ¿Se dará cuenta en qué mundo endemoniado quiere abrir picada?

—Tenés que decirme la verdad, toda la verdad.

Balder piensa vertiginosamente:

«La verdad. ¿Cuál es nuestra preferida verdad? El encuentro en Retiro hace dos años es una verdad. Su llanto en el ferrocarril es otra verdad. Mi esposa y mi hijo es otra verdad. Su desesperación es otra verdad. Este minuto en que me mira también es verdad. Estamos aquí, en este andén maldito como en una isla desierta. La verdad...».

Irene insiste:

—¿Me prometés venir mañana?

—Te prometo.

—¿Es lindo tu nene?

—Sí... regular...

—¿Parecido a vos?

—Sí, parecido a mí.

Suena la campana en la estación. Los guardabarreras entran en función.

—Me has prometido venir

—Y voy a venir.

—¿Lo querés a tu nene?

—Sí, lo quiero.

—Bueno, mañana te espero. A las tres en Retiro.

—Perfectamente.

—Vendrás, ¿no?

—Te juro que vengo.

—Hasta mañana, Balder. Y no sufras por mí.

Un ventarrón los envuelve en neblinas de polvo. Una línea perpendicular de ventanillas resbala a la altura de sus cinturas, se detiene, algunos pasajeros suben apresuradamente, Irene se acurruca junto a una ventanilla y, de pronto, el tren despega del andén, su mano que saluda desaparece en una curva de vagones y Balder queda consigo mismo. No se atreve a confesarse que anhela esa soledad para gozar tímidamente su contenteza. Gira sobre sí mismo, es el eje de una extensión de la cual arrancan cuatro ríeles de acero fulgentes sobre su lecho de piedra como si estuvieran niquelados.

Una felicidad agradecida se remueve lentamente en el fondo de la caja de su pecho. Lanza destellos sombríos como la escamada piel de una serpiente despertada en su hoyo por un rayo de sol. Balder reprime el deseo de sentarse en la pestaña de cemento del andén y permanecer con los pies perdidos en las matas de pasto que crecen entre la grava, semejante a un vagabundo que espera el tren que lo conducirá hacia un iluminado país con mañanas más resonantes que campanas de plata.

En el país de las posibilidades

Balder no duerme. Tampoco piensa. Mientras su cuerpo permanece horizontal en la cama su espíritu a grandes zancos recorre el País de las Posibilidades.

—¡Oh!, la noble criatura. No me ha rechazado. ¿Y si me casara con ella? ¿Si me divorciara de Elena? ¿Por qué no? —El espíritu de Balder recorre a grandes zancos el País de las Posibilidades.

Montañas, nieve, casas de techo inclinado, desiertos de nieve, empalizadas blancas, junto a cada verja de roble lo espera Irene, él llega, la abraza, se besan, son esposos. ¿Por qué no? Comenzar una nueva vida, abandonar a su hijo y a su mujer. ¿Por qué no?

El espíritu de Balder recorre a grandes zancos el País de las Posibilidades. Casarse con Irene. Estar junto a ella. Ver siempre su rostro, desayunarse en su compañía, hablar de rascacielos metálicos con la cabeza apoyada en su hombro y sus manos entre las suyas. Cae nieve afuera. Balder mira la llanura blanca a través de cristales emplomados, allá lejos hay otros tejados como cubiertos de copos de algodón y magnesia.

—Ve hacia la ciudad.

Balder la saluda y sube a su Hudson. La nieve salta entre los rayos de las ruedas y él recorre la distancia blanca. Las horas del día transcurren rápidamente. Llega la noche. Afuera continúa nevando. Balder regresa de la copiosa ciudad de los rascacielos y fábricas por un sendero solitario, entra a un comedor ancho de techo bajo. En una mesa con mantel blanco reluce la vajilla. Irene se sienta frente a él, cenan, afuera se acumula la nieve. Irene ahora al piano, toca, después cogidos de la cintura marchan hacia el dormitorio, se acuestan, el viento aúlla y de pronto Balder salta aterrorizado en el lecho.

Alguien golpea en la puerta de su casa con techo de dos aguas y valla blanca: es su esposa y su hijo.

Balder trata de ahuyentar el fantasma.

—No, no, no.

Si se divorcia, su esposa se puede casar nuevamente. ¡Claro! ¿No es bonita acaso? Pero él no conoce a esta mujer bonita. Esta mujer bonita tiene una mirada fría que lo traspasa, lo observa y no traduce ninguna emoción. Sin embargo, él la quiere. Pero también quiere a Irene. ¿Y si hicieran una prueba? ¿Si se separaran? Nada más que una prueba. ¿Está loco? En cuanto ha pensado en la prueba se encontró dispuesto a despertar a su esposa y proponerle el trato. No, no es posible obrar de esa manera. Pero él quiere a Irene.

Aunque el cuerpo de Balder permanece horizontal en la cama, su espíritu anda a grandes zancos por el País de las Posibilidades.

Es necesario que Irene tenga un alma de mujer extraordinaria. Si Irene no tuviera esa alma, él no podría experimentar semejante entusiasmo. ¿Qué mujer exhibe tamaña generosidad? Claro está, Balder no puede dar una explicación referente a la estructura de la generosidad de Irene... mas si no fuera generosa... ¿podría estar él enamorado de ella de esa manera? Balder cree que así razona. Parte del principio de que es infalible en la apreciación de los sucesos.

Al fin y al cabo, su mujer es joven y bonita. ¿Por qué no puede casarse con otro y ser feliz? Mucho más feliz que con él, que es un loco. Incluso podrían más tarde visitarse los dos matrimonios. ¿Por qué no? Y él, en vez de tutear a su esposa, le diría:

—¿Cómo está, señora? —Y ella a su vez le contestaría:

—¿Cómo está, señor?

¿Es inverosímil su ocurrencia? No. ¿O es necesario, tan necesario que dos seres humanos se acuesten toda la vida bajo un mismo techo? ¡Él no quiere que Elena sea desgraciada! ¡No, Dios mío! Que sea feliz. Incluso le aconsejaría que se buscara un esposo respetable; por ejemplo, un comerciante en materiales de construcción... Aunque, no... Los comerciantes en materiales de construcción son rudos... ¿No sería preferible que su esposa se casara con un abogado? De ahondar en el problema le recomendaría un hombre de cuarenta años. Los hombres de cuarenta años son frecuentemente respetables y morigerados en sus costumbres.

Balder se ríe solo. El sobresalto anterior ha desaparecido. ¿Por qué no? ¿Por qué no? Bien puede su esposa divorciarse.

Trámites legales, un año, otro año para casarse con el hombre respetable. Dos años... dos vertiginosos años y el problema de sus vidas se resuelve completamente. Y él puede entonces ir al encuentro de Irene, mientras en la llanura cae la nieve y los Hudson trazan una huella de rompehielos.

Su esposa. Él no puede negar que es una buena mujer. Mas la buena mujer lo aburre. Además, esta buena mujer vive agriada. Cierto que él se encarga en todo momento de proporcionarle motivos que no la inducen a bailar de alegría; mas ¿por qué Elena no se casa con un abogado? Ella podría aconsejar al abogado. Un hombre de cuarenta años sabe perfectamente que los consejos de una mujer es conveniente atenderlos. Y su mujer sabe aconsejar. Si Elena fuera inteligente debería agradecerle esta preocupación por su bienestar. Pero no. Elena es capaz de enojarse cuando se le insinúe la realización de tal proyecto. ¡Y después dicen que no son absurdas las mujeres! Él está pensando en el bienestar de su esposa, pero jugaría doble contra sencillo que si Elena se enterara de sus cavilaciones, con los ojos inundados de llamas verdes, armaría un escándalo digno de una verdulera.

El cuerpo horizontal de Balder se agita. Se remueve entre la vaina de sus colchas, luego permanece quieto y su espíritu a grandes zancos recorre el País de las Posibilidades.

La desgracia consiste en que los seres humanos sean tan poco razonables. ¿La vida no transcurriría en mayor hermandad y armonía si cada uno se fuera por su lado el día que se le antojara? Él ahora no necesita a su esposa. A quien necesita es a Irene. Por otra parte, no pide mucho. Una casa con techo de dos aguas en un país donde caiga nieve y un automóvil Hudson. Irene se tomaría de su brazo y caminaría a su lado por una acera cargada de nieve mientras, más lejos, el viento doblaría un bosque negro. ¿De qué hablaría con Irene? Del alma. De problemas sociales. Sí, pero para que todo esto suceda es necesario que se divorcie de Elena. Tiene el presentimiento de que Irene puede proporcionarle una felicidad terrible. ¡Además, es tan fácil! ¿Qué es lo que se opone a que Elena se case con un señor respetable? Lo más sería visitar a su esposa en compañía de Irene. Claro, su esposa estaría casada con el abogado. ¿Por qué no? Y ser amigos todos. Infortunadamente eso sólo ocurre en los países donde cae nieve. Aquí no cae nieve. Aquí hay sol, mestizos poéticos y gallegos que acumulan dinero.

Balder mueve la cabeza consternado.

Irene es pura. Su alma inmensa. Su piedad infinita. No puede dejar a esta mujer. ¿Cómo perderla a Irene? La vida sin Irene no tiene sentido humano.

¿Y su hijo?

Si Elena se divorcia y se vuelve a casar, el que se case con ella sabe perfectamente que tiene que cargar con el chico. Además, en última instancia, él no tiene inconveniente en hacerse cargo de Luisito. ¿Por qué no? Un chico es la alegría de un hogar. Cierto es que a él esta alegría no lo entusiasma particularmente, pero en cambio puede embellecerle la existencia a otro. ¿Qué tiene de particular en sí este asunto? ¿No se divorcian y vuelven a casar todos los días millares de personas? Y el sol no se detiene en su marcha por eso. Lo malo es que aquí no cae nieve.

El cuerpo horizontal de Balder se queja y suspira. Su espíritu de pie, marcha a grandes zancos por el País de las Posibilidades.

E Irene en vez de rechazarlo indignada, ha llorado dulcemente en el tren. Lágrimas gruesas como guisantes corrían por sus mejillas violetas y movía inenarrablemente la cabeza.

—Sí, ¿pero el nene?

Balder se detiene en el País de las Posibilidades frente a su hijo. El hijo tiene la altura de una mesa, es rubio, de ojos celestes. Es su hijo. Pero él a su hijo no lo mira bestialmente, como los otros padres miran a sus hijos. No. Balder mira a la criatura como si la criatura tuviera ya su edad.

—Es mi hijo, sí, pero el pobre no tiene la culpa de serlo. Por lo tanto es una visita en mi casa.

Tiene que sufrir, aprender; es decir, vivir.

A veces lo mira y piensa:

—¿A cuántas mujeres hará sufrir este truhancito? ¿Cuántas mujeres lo harán sufrir a él?

Que sea fuerte, es lo único que le interesa. Nada más. Que sea egoísta. Y que goce ampliamente la vida sin los estúpidos escrúpulos que ahora lo mantienen despierto a él.

Ese chico no es su hijo. Es un amigo suyo. Está en su casa, crecerá y feliz viaje cuando llegue la hora.

Balder comprende que sus preocupaciones se alivian. Otros padres están amarrados como bestias a sus hijos. Se les llena la boca cuando dicen: «mi hijo». Cualquiera creería que estos animales han engendrado a un Dios cuando pronuncian la palabra «mi hijo». Como si el hijo, no reprodujera a cierta edad el proceso del padre o de la madre. Dicen «mi hijo» como si todos los ladrones de la tierra no fueran hijos de alguien y todas las putas hijas de alguien.

Balder recorre en su Hudson a una velocidad increíble las nevadas llanuras del País de las Posibilidades.

—¿Por qué ese culto estúpido del hijo? ¿Por qué no ver en el hijo o en la hija el macho y la hembra, que con sus necesidades pondrán un día el grito en el cielo estremecidos por «su» placer que olvida al padre y la madre? Como si él al abandonar a Elena dejara de ser padre de Luisito. No. No. Luisito es un amigo. Cuando Luisito un día tenga treinta años y lo sacuda una pasión, exclamará:

—Yo soy la continuidad de mi padre sensual, yo como él amo la vida, como él no tendré escrúpulos y como él gozaré todo aquello que pueda morder, arrebatar y atrapar.

Y entonces el hijo pensará con orgullo en su padre y, cuando esté tendido en un lecho con el seno de una espléndida joven entre sus cinco dedos, pensará:

—¡Y papá también estuvo como yo lo estoy ahora, con una jovencita entre sus brazos!

¿Por qué estos escrúpulos terrestres? ¿Esta continuidad de mentira? El hijo, la esposa, la madre, la hermana. ¿Por qué anular cualquier iniciación de deseo con la injerencia de estos seres extraños que gozaron ferozmente la vida o que la gozarán, ya que en un momento dado sus instintos centuplicados barrerán con tremendos golpes todo escrúpulo y todo pensamiento moral? La comedia, la comedia. Tenemos que vivir en comedia. Exaltar nuestra comedia. Decir:

—Yo he dejado la mujer que más adoraba por cumplir con mi deber. ¿Qué hacer? ¿Quién ha cumplido con su deber sobre la tierra? ¿Qué es el deber? ¿Quién cumple el deber? ¿Cuál es la utilidad natural del deber?

Balder atraviesa bosques de abetos milenarios y llanuras cubiertas de mansísimas sábanas de nieve. El motor del Hudson petardea en la soledad, pero su pensamiento vuela, sus manos aprietan fuertemente el volante y las ramas secas crujen y saltan bajo el engomado del automóvil, que corre cada vez más aprisa.

—¡El deber! ¿Dónde se encuentra el Perfecto que cumple con su deber? ¿La mujer que cumple con su deber? Almas pequeñas, cuerpos débiles, discernimientos timoratos. ¿Éstos son los representantes del deber?

Arriba fabrican acorazados los que violan el deber. Abajo duermen en cuchitriles lo que cumplen con el deber. El deber de los de abajo es observar el programa que les trazan los de arriba. ¿O es que alguna vez los de abajo confeccionaron un programa de los de arriba?

El automóvil se ha detenido. Balder desciende del coche, la llanura nevada se extiende de confín a confín. Muy lejos aparece el bosque y el cielo en esa altura se esmalta de un verde glacial. Balder se sienta en la orilla del estribo, sus pies se clavan en la nieve y, con la cabeza entre las manos, fijos los ojos en el blanco suelo poroso, piensa:

—Estoy cansado de esta monotonía. No puedo más.

Cada gesto de Elena, cada palabra, ¿qué es lo que no anticipo en ella? Sé cómo se desviste, cómo me sonríe, cómo se tiende a mi lado, qué presión tiene su beso antes de la entrega, después de la entrega. Estoy cansado y ella me da pena. Compadezco su sentido honesto de la vida, me apiada su honradez. En vez de engañarme, de buscarse un amante, se refugia en las ropitas de su hijo. Y mañana este hijo, por el cual ella cose con la cabeza inclinada, encontrará una mala hembra que le dirá: «tu madre me provoca y encocora» y entonces por amor a esa hembra el hijo se apartará de la madre.

—Pero ¿qué es la vida entonces? ¿Una carnicería atroz? ¿Un combate sin piedad?

La nieve cae lentamente sobre su espalda, y Balder se adormece en el estribo de su Hudson, en medio de la llanura helada del País de las Posibilidades.

En nombre de nuestra moral
Entre un nimbo verdoso amarillea la luna.
Sonrosadas y grises moles de rascacielos, respaldados por noche tan espesa, que las tinieblas fingen un morro perforado por agujeros luminosos.

Good Year en bastones de fuego, en un aviso una joven lila entre dos caballeros de frac y galera avanza hacia un zaguán de oro, con dos paquetes de galletitas bajo el brazo. En la balaustrada de un restaurante una araña escarlata teje su tela verde en un mate azul: «Use Yerba Ñanduty». Por la vereda de granza roja de la plaza Retiro, Balder se pasea impaciente. Se vuelve y descubre a Zulema avanzando con los rápidos pasos de sus piernas cortas hacia él. Balder se adelanta a su encuentro con la cabeza inclinada, ella le extiende la mano y manteniendo fijos los ojos en él, exclama con tono melodramático que alcahuetea su curiosidad de chismes:

—¡Lo sé todo!

Balder aplasta patéticamente la barbilla sobre el pecho diciéndose simultáneamente: «paciencia, comediante». Luego coloca sus manos en la cintura y, moviendo arduamente la cabeza como si juzgara el destino de otro, exclama:

—¡Qué destino el nuestro, Zulema, qué destino! Usted desdichada junto a su esposo incapacitado para comprender la delicadeza de su alma, yo infeliz junto a una mujer que tiene el corazón más duro que una piedra. ¡Qué desgracia la nuestra, Zulema! ¡Qué desgracia! No en balde nos ha juntado el destino. Somos hermanos, Zulema, hermanos de dolor.

Zulema señala un banco verde.

—Sentémonos allí. Anoche ha venido Irene a verme. Tenía los ojos hinchados de tanto llorar.

—¿Y usted, Zulema?...

—No la quería creer. Más aun, le dije: no es posible... Balder es un caballero...

—Precisamente... porque soy un caballero le dije que estaba casado. ¿Usted cree que si yo no la quisiera le hubiera confesado algo? ¿Con qué necesidad?

Zulema mueve la cabeza comprensivamente al tiempo que Balder piensa:

«Y esta desvergonzada, que debe engañarlo a su marido con dos o tres amantes, tiene el coraje de venirme a pedir explicaciones a mí». Pero se queda silencioso.

La calzada parece pavimentada de adoquines de bronce. Se apaga un letrero luminoso y el granito adquiere una lustrosa oscuridad violeta. Luego comprende que debe lanzar una o dos frases de efecto y exclama:

—¿Dígame, Zulema, si nuestro encuentro no obedece casi a una fatalidad astronómica?

Ella con las manos abandonadas en su falda, examina de continuo el rostro de Balder. Como él da su frente a la luz, mientras que el rostro de Zulema permanece en la oscuridad. Estanislao se comprende espiado y trata de traslucir en su semblante un estado de perplejidad dolorosa que está muy lejos de sentir.

Zulema insinúa:

—Posiblemente usted e Irene son dos almas que se conocen desde la otra vida. Nadie me lo quita de la cabeza, Balder. Usted tiene que casarse con Irene. Dejar a «esa» mujer.

—Cierto... es lo que yo debiera hacer...

—Usted, Balder, como yo, necesita hacer vida espiritual. ¿Quién mejor que Irene puede entenderlo? ¡Si la oyera tocar el piano! Es un prodigio esa chica. No le miento, Balder, un prodigio. ¿Y con quién podría casarse Irene sino con un hombre culto? Cierto que ella, no es por desprecio a usted Balder, pero Irene podría aspirar a más... a mucho más... Su padre fue teniente coronel. Es gente muy bien, Balder.

Balder lee este letrero: «El Chalet Moderno. Empresa Constructora. Confíenos su construcción». Los automóviles doblan en torno de una columna de hierro en el centro de la calzada, algunos transeúntes corren por la vereda de la estación, se produce un segundo de oscuridad en la calle al combinarse el apagamiento de tres letreros inmensos. Balder mira una estrellita inmóvil en el cielo sucio y repite reflexivamente:

—¡Oh!, sí, nuestras almas deben conocerse desde la otra vida.

Paralelas con estas palabras pronuncia otras mentales: «No queda duda. Esta mujerzuela viene delegada para estudiar la profundidad de mi estupidez».

—Usted debía decidirse, Balder. No perder tiempo. Si usted quiere sinceramente a Irene, y eso no lo dudo, debe abandonar a «esa mujer». ¡Qué gusto le daría a Irene! ¡Qué gusto! ¡Usted no se imagina, Balder, el gusto que a esa pobre chica le daría! ¡Ella que es tan buena!

—¡Oh!, lo creo, lo creo...

—Yo misma... le juro... estoy a un paso del divorcio. Sí. Mire si no dejo a Alberto es por lástima, un hombre casi ciego, frío, iah, qué frialdad! Yo que soy pura sensibilidad; cuando entro a mi casa, me parece que me encuentro en un frigorífico, Balder. Un frigorífico.

Balder no la escucha casi. Tiende una recta mental entre Tigre y su deseo. Una recta de cuarenta kilómetros a través de espesores de murallas y edificios, y se estremece.

Allá, en el fondo de una caja de mampostería con puertas de madera y empapelado floreado, Irene comunica los nervios de sus ojos con los nervios de sus ovarios y le transmiten una espesa onda corta de sensualidad. Golpe opaco de llamado que repercute blandamente en sus testículos y lo aplasta en aquel banco verde, frente al letrero escarlata de Good Year. Sonrosadas y grises las moles de los rascacielos parecen respaldadas por un morro perforado de agujeros luminosos.

El espacio gira ante sus ojos. Irene llama a su sexo con ondas cortas. Balder se sobrepone a su emoción y revisa el montaje de un mecanismo que a su lado pone en marcha esa hembra de piernas cortas y mirada insolente. Contempla a Zulema como entre sueños mientras ella exclama:

—¡Ah, qué parejita harían ustedes! Ella diecisiete años, usted treinta.

—¿Cómo está Irene?

—Yo la consolé... pero no pude menos de contarle a mi esposo todo lo que ocurría...

—¡Ah!, sí... ¿Y él qué dijo?

—Primero se alarmó... luego, cuando le dije que usted era un caballero se tranquilizó. Fíjese que él quiere mucho a Irene, como que conoció al teniente coronel.

—¡Lo que es la fatalidad...!

—Mire, Balder... a mí me parece que, para tranquilidad de Alberto, usted sabe lo que son los hombres, viniera a Tigre a conversar con él. Alberto es muy bueno y comprensivo, Balder.

Estanislao piensa:

«Cómo, antes era un bruto, ahora es un comprensivo. ¡En manos de quién he caído yo! De una banda de estafadores».

Balder clava los ojos en un tranvía que desciende por una rampa asfaltada, el motorman sobre el fondo luminoso mantiene abiertos ambos brazos sobre la plataforma, frenando en la pendiente en curva, suenan tres campanadas broncíneas, y Estanislao, aspirando profundamente una bocanada de aire húmedo, decide su juego:

—Perfectamente, Zulema. Cuando usted quiera iré a conocerlo a su esposo.

Suenan silbatos agudos de locomotoras en maniobras, el aire se carga de olor a aceite quemado al pasar una fila de ómnibus y Zulema sonriendo satisfecha se pone de pie al tiempo que dice:

—¡Qué contenta se va a poner Irene! Vea... mañana a las tres lo esperamos en la confitería de la estación de Tigre. —De pronto vuelve la cabeza a la esfera luminosa de la torre de los Ingleses y exclama:— ¡Qué tarde se me ha hecho! ¿Quedamos en eso, Balder? A las tres. Yo tengo que ir al Conservatorio. Llame ese auto, ¿quiere? Mañana a las tres.

Levanta un brazo, frena un automóvil rojo junto al cordón. Balder abre la portezuela, ella se arrellana en los almohadones, le extiende su mano enguantada, sonríe como una cocotte y Balder queda solo.

La calle parece pavimentada de adoquines de bronce.

—Bueno...

Good Year. Yerba Ñanduty. Confíenos su construcción.

—Bueno...

Las mejores galletitas. Hotel El Español.

—Claro...

El granito adquiere una lustrosa oscuridad violeta. Balder se arrincona nuevamente en el banco verde.

Desconecta la luz de sus ojos con la fuerza de sus delirios. Y el diablo hace el resto. ¡De modo que el hombre honorable quiere conocer al hombre caballero! Y la mujer adúltera dicta cátedra de astrología. ¡Qué bueno! Y el gran idiota dice que sí.

Good Year. Los mejores neumáticos. Good Year. Las mejores cubiertas.

—¿Por qué no?

Un desaliento extraordinario zapa su sensibilidad. Y en vez de caer en un vacío vertical entrecierra los ojos para percibir grandes arcos concéntricos. Dos caballeros de frac y galera, del brazo, de una jovencita lila con una lata de galletitas bajo el brazo, entran a un corredor de murallas de oro.

—Sin embargo soy el único culpable. Me han ofrecido juego y acepté. Lo grave es que continuaré aceptando juego. Sin embargo aquel beso que me dio... ¿Y si estoy equivocado? El diablo hará el resto. ¿Será éste o no el camino tenebroso?

La calzada parece pavimentada de adoquines de bronce, luego el granito adquiere una lustrosidad violeta, y Balder se restrega violentamente las manos.

—Son tres vidas. O cuatro. O cinco. La amiga, una. El esposo, dos. La madre, tres. Y los amantes, pero ¿quién va a contar a los amantes?... ¡Ah!, y yo, el gran imbécil. ¿Pero por qué no? ¿No recorrer el camino tenebroso? Son en realidad tres o cuatro vidas al acecho, extendiendo por turno su zarpazo hacia mí. Y yo busca el zarpazo. No lo rehúyo. Después del esposo ¿quién querrá conocerme? Es casi seguro que la madre. Luego, posiblemente, el teniente coronel. ¡Ah!, no... El teniente coronel está enterrado. Por el lado del teniente coronel podemos estar tranquilos. Me voy asemejando muy singularmente al desdichado a quien los cilindros de un laminador han cogido por un borde de la ropa. ¿El mecanismo me tragará... o yo me tragaré el mecanismo? Depende. A veces son más crueles los combates con almas superficiales que con espíritus profundos. Pero que tengan cuidado, ¿eh? Que tengan cuidado. El «gilito» puede regalarles una sorpresa. Calcular rascacielos es una cosa y trabajarlo de «grupo ciego» otra. Yo seré todo lo ingeniero que ellas quieran y todo lo loco que se les ocurra también... pero lo otro... lo otro escondido en mí serán brujas si lo descubren. De cualquier modo lo real es esto: después del honorable amigo vendrá la digna madre. Me jugaría la cabeza. Han destacado cuerpos de observación. Primero la amiga, después el esposo de la amiga, después... Supongamos que no me equivoco en mi hipótesis. ¿Qué tengo que pensar? Sin embargo es bonita la ciudad. ¡Qué bonita es!

Balder sonríe levemente. Contempla las sonrosadas y grises moles de los rascacielos respaldados por una noche tan espesa que las tinieblas fingen un morro perforado por agujeros luminosos. Súbito oscurecimiento de un letrero blanco y violeta. Silbatos de locomotoras distantes. Pasan hombres de gorra y blusa.

—Sí, la ciudad es linda. Pero el camino tenebroso también lo es. El Gran Mago toma de una oreja a su muy indigno y estúpido discípulo. Estanislao Balder y le dice:

«Soberbio imbécil. ¿No querías entrar al camino tenebroso y largo? ¿No querías comprar la juventud eterna y la violencia favorable? Y entonces el Gran Mago punza lentamente en los ovarios de la jovencita y la jovencita desenvuelve un paquete de pan donde el nombre del gran idiota está impreso a todo lo ancho de la página». Rascacielos de acero y cristal. Entre un nimbo verdoso amarillea la luna. Una araña de cristal escarlata teje su red de gas verde.

—Y sin embargo, la vida es magnífica y perfecta. Y yo amo muchísimo a la criatura que da profundos besos con lengua. Sí, es virgen y da besos con lengua. ¿Quién le ha enseñado? ¿El diablo o la amiga? De cualquier forma los dos son iguales. Y yo iré a entregarme como un inocente corderito mientras que el Gran Mago me susurrará en las orejas: «¿No querías entrar al camino tenebroso?».

La calzada parece pavimentada de adoquines de bronce, luego el granito adquiere una lustrosidad violeta. A lo lejos suenan silbatos de locomotoras en maniobras, entre tinieblas custodiadas por redondos ojos escarlatas y Balder sonríe:

—Que vaya a conocer al esposo de su amiga. ¡Oh ingenuidad de juventud! Y a su mamá también. Y al padre también. Qué me importa. Estoy perdido entre cielo y tierra. Dormiré entre sus brazos como una criatura entre los de su madre.

¿Por qué no?... ¿por qué no? ¿Qué me importa que por ella entre al camino de mi perdición? Deseo ser su perro abyecto; el hombre que se volvió loco por una mala virgen que daba besos con lengua. Y la historia dirá entonces: «Y el ingeniero lúbrico vendió su alma al diablo, no para ser más sabio en las artes de la construcción, sino para gozar a la hija del teniente coronel. Y la hija del teniente coronel convirtió al ingeniero lúbrico en una piltrafa humana y ninguna empresa de cemento armado se hubiera atrevido a confiarle sus cálculos y sus proyectos, pues el ingeniero lúbrico derramó por su deseo hasta la última pulgada cúbica de materia gris. Y entonces se convirtió en una bestia».

Nuestras Galletitas Son Las Mejores. Good Year. Un segundo de oscuridad hace visibles tres estrellas en el cenit. Confíenos su construcción. Los árboles de la plaza parecen dormidos. Ni una sola hoja se mueve.

—De modo que el mecánico me someterá a examen. Y la adúltera se refocilará más; ¡si yo me equivoco! ¡Y si me equivoco de veras! ¡Dios mío! ¡Qué me importa equivocarme! Quiero derretirme entre sus besos. Pregonar en las plazas públicas: «Y por esta mocita adorable me convertí en el más extraordinario imbécil que pisa la tierra». Y cuando las personas honorables me pidan cuenta de mi conducta les contestaré cínicamente:

—Canto mi alma perdida entre cielo y tierra. Amo mi alma y la perdición de mi alma sobre todas las cosas. Y me burlaré de ella como me he burlado del diablo. Y después lloraré amargas lágrimas de remordimiento y diré: No, la jovencita no era tal cual yo la pintaba, sensual y triste, sino resplandeciente como una diosa que se hubiera convertido en colegiala para hermanar las ciencias matemáticas con la melodía de Bach. Y los comerciantes, las mujeres gordas que apilan chismes, los pillastrones que dictan cátedras de moral pondrán el grito en el cielo y exclamarán: ha llegado el final del mundo. El ingeniero ha perdido la chaveta y después de firmar un pacto con el diablo y de burlarse malignamente de una virgen, pretende no haber menoscabado tal virginidad. Y posiblemente venga el mecánico y se instale un tribunal en la plaza pública. Y yo contestaré: La hija del teniente coronel me levanta falso testimonio auxiliada por una ramera que engaña a su marido y por un mecánico que ignora el paralelogramo de las fuerzas, y entonces, ¿qué valor puede testimoniar este juicio? ¿Conoce este mecánico su profesión? Además, ha pegado a su mujer. Y si surge alguien de entre la multitud, alguien sumamente flaco y alto que, señalándome con un dedo, exclame: «este hombre está loco»; entonces ¿cómo me defenderé? Porque a nadie le va a quedar duda de que estoy loco. Y dirán, el ingeniero loco. Su matemática no pudo librarlo del desequilibrio. E incluso invitarán a jurisconsultos, y estos diablos encontrarán que yo estaba loco y entonces el mecánico, mi mujer, la hija del teniente coronel... ¡qué lío se va a armar! Pero por ahora es mejor que me vaya a casa.

Y Balder se levanta.

Llamado del camino tenebroso

Penumbra roja. Brillos aceitosos, calientes de oscuridad, resbalando en espejos que trazan corredores piramidales al reflejar sus escalonamientos.

Balder en puntillas se mueve en la alcoba. Detiene los ojos a cierta distancia de su esposa dormida, con el niño arrimado a su espalda embozada, sobre el almohadón. La criatura apoya una manita en su mejilla sonrosada y de sus ojos se ven dos rayas negras y pestañudas. El rostro de la esposa parece de cartón rojizo con ricinos broncíneos sobre la frente.

Balder fatigado se sienta a la orilla de su camita y mira apesadumbrado el cielo raso de yeso, rayado de violentas sombras. Las siluetas parecen ametralladoras en acecho. Balder rezonga:

—Era fatal. Había que llegar...

Cierra los ojos. Tiene la sensación de encontrarse frente a un escenario teatral. Los personajes son ajenos a él. Mientras en la penumbra roja, los brillos calientes enriquecen el tictac del reloj viviente en la medianoche, el ingeniero escucha a los actores. Ellos conversan bajo un arco de acero tan enrejado de viguetas, que la luz se recorta amarilla en la altura negra.

BALDER: Mirá Irene, me voy a jugar... pero es necesario que digas la verdad. ¿Sos virgen o no?

IRENE (tomando de la mano a Balder): Pero ¿dudas de mí todavía? ¡Chiquito, cómo sos!

BALDER: Dudo y te pregunto.

ZULEMA: ¿Y si Irene no fuera virgen?, ¿la querría usted?...
BALDER: Sí, la querría lo mismo pero mi conducta sería distinta.
ZULEMA: Quédese tranquilo, Balder. Irene es virgen.

Balder, en su dormitorio, comprende que el corazón del fantoche, bajo el arco de acero, se ha contraído dolorosamente. El personaje tiene la sensación de que la jovencita ha mentido. Y el personaje sufre más por la jovencita que por sí mismo.

La esposa de Balder se mueve en su cama. Él se levanta apresuradamente y apaga la luz, comienza a desvestirse. Luego se detiene y cavila:

—De manera que mañana veré al mecánico.

Una tristeza suavísima, tan profunda que le roza el páncreas, cruza por él. El ingeniero está seguro de que proyecta el esquema para la consumación de su definitiva desgracia.

Piensa: Me ocurre algo semejante a un individuo que ha entrado en relaciones con una banda de estafadores. Su angustia adquiere cierta movilidad ansiosa. Es el deseo de un esclarecimiento. Seguro... El esclarecimiento sobreviene el día que nos han estafado. ¿Por qué me atrae toda esta gentuza? ¿Quiero acaso ser convencido de que estoy equivocado? Y sin embargo, me atraen. Zulema, Alberto a quien no conozco, Irene... no sé por qué. Me parece que hiciera un siglo que vinieran a mi lado. Realmente, el mecanismo de la estafa es maravilloso.

Balder se recuesta semidesvanecido. Piensa: Una voz me advierte: «Cuidado, Balder, todavía estás a tiempo», y sin embargo yo rechazo la advertencia. ¿Lee dónde nace esta obstinación siniestra, que bruscamente se destapa en el alma del hombre, incitándolo a afrontar peligros que entreví muy próximos? Y sin embargo, yo no soy una bestia. Soy un hombre razonable. Un ingeniero. Un ingeniero por su conocimiento de las matemáticas debía estar a salvo de estas obsesiones. ¿O es el diablo? Pero no... el diablo no es. Es el llamado".

Balder siente que un frío mortal entra a su corazón en cuanto ha pronunciado esta palabra: El llamado... el llamado.

¿Será el llamado del camino tenebroso? La necesidad de conocer la estructura de «otro» destino.

Yo me he reído… Sí… no puedo negarlo… Pero ¿qué tiene que ver mi risa con esta realidad? Mientras Elena duerme, mientras Luisito duerme, yo tramo la desgracia de ellos. Y ellos no se despiertan. ¿Y si yo sólo estuviera despierto? Pero Irene también debe estarlo. Quizás en este instante se masturba pensando en mí. Y si lo hiciera, ¿sería criticable? O quizá duerme. El llamado…

De pronto Balder se imagina que su esposa ha despertado «advertida por una señal de peligro». Elena se sienta en la oscuridad a la orilla de su cama y le pregunta:

—¿Qué te pasa Balder que no dormís?

Balder reflexiona un instante. Luego:

—Estoy pensando en el camino tenebroso.

Balder experimenta tentaciones de reírse. Es absurdo suponer que él pueda conversar con su esposa de semejante asunto, pero necesita hablar con alguien, aunque sea una sombra. Y se dice:

—Supongamos que no sea mi esposa. Que yo me ponga otro nombre y hable de Balder en tercera persona. Oh, no es agradable esto. Un hombre misterioso se acerca y me pregunta:

—¿Qué sucederá entre ese hombre y las tres mujeres?

Y yo, fingiendo estar desligado del asunto, respondo:

—¿Se da cuenta, querido señor? ¿Puede dudar usted que es un escándalo esto? El ingeniero lúbrico, quede entre nosotros, buscaba hacía mucho tiempo la entrada del camino tenebroso.

—El ingeniero…

—Sí, el ingeniero, aunque usted lo dude. El ingeniero ¿qué tiene de particular? ¿O cree usted que los ingenieros están exentos de pecado?

—No, efectivamente, no podría afirmar semejante enormidad… Pero un ingeniero…

—¡Dios mío! Señor, qué duro de entendederas es usted. Además, no tiene ningún derecho a dudar de mí, porque son confidencias especiales del propio interesado… el ingeniero… ¿En qué estábamos?… ¡Ah!, en que hacía mucho tiempo que buscaba la entrada del camino tenebroso.

—¿Para?…

—Allí está el misterio, querido señor. Parece que él quería con su voluntad jugarse la felicidad de su alma y la «salvación» de su alma. Incluso, en cierta oportunidad, me manifestó que por una rendija del espíritu se le había colado un demonio y que este le sugería bufonadas mientras su alma permanecía quieta, a la expectativa de un drama que rompiera definitivamente la neblina que lo convertía técnicamente en un imbécil.

Balder se remueve en su cama. Enciende un cigarrillo. Su diálogo es estúpido. El señor invisible le resulta más pesado que un muñeco de plomo.

¿Y si escribiera una carta? Se imagina sentado en su escritorio, redactando un documento. Diría así:

«¡Cuántas veces recordó más tarde, Balder, esa incesante busca del camino tenebroso, para el cual muchas mujeres se ofrecieron como guías! Las rechazaba sin explicarse el motivo. Posiblemente era su falta de amor. Otras veces, en cambio, se decía que ninguna de esas mujeres tenía el suficiente poder espiritual para abrirle las puertas del camino tenebroso y largo».

Estanislao fuma en la oscuridad. Su esposa tose. El niño se mueve en la cama. Él sé pregunta:

—¿Puedo yo suministrar detalles respecto a la estructura del camino tenebroso y largo? Supongamos que me llamara un escritor y que me dijera: descríbame el camino tenebroso y largo, ¿cómo lo haría yo?

Ahora le cuenta, no puede precisar a quién, pero es a alguien que le escucha con suma atención.

«Balder se imaginaba el camino tenebroso como un subsuelo planetario. Avanzaba sinuoso bajo los cimientos de las ciudades terrestres. A veces habrá casas y otras veces estrellas. Aquel camino iluminado oblicuamente por un sol torcido estaba cortado por callejones de tinieblas más altos que palacios faraónicos. Allí avanzaba a tientas una humanidad de larvas densas, entre espesores alternativos de luz y sombra. Las almas giraban como peonzas, chocaban ayuntándose en cohabitación transitoria y luego se apartaban para chocar con otros sexos. Arriba del subplano, rascacielos cúbicos, máquinas de escribir, hombres de semblante rígido con un aparato de multiplicar por cerebro, trenes eléctricos, más rascacielos, casas de modas. Abajo el subplano, el camino tenebroso, del perverso empecinado, del hombre que se obstina en violar la ley de la bondad para descubrir la suma perfección del mal».

Estanislao Balder explicaba insistentemente la estructura del camino tenebroso y largo donde a veces identificaba un acto voluntario, capaz de separar el alma de la comunión humana. Obsérvese que según la teología mística de Balder, no eran los otros los que rechazaban al espíritu pecador, sino que éste se aislaba voluntariamente en su pocilga. La pocilga era un pecado, un delito, una actitud, un salto, la permanencia en algún suceso que el alma repudiaba extensamente. El ingeniero partía del principio de que cuando un hombre se aleja de algo que íntimamente constituye una verdad, recibe por la ejecución del movimiento antinatural, un golpe de extrañeza en su sensibilidad. Si se obstina en apartarse de la verdad, llega un momento en que no puede menos que comprender que su estructura mental se encuentra en peligro. Si a pesar de dicha convicción continúa falseando su existencia, el sendero que recorre en cotidiano infringimiento se convierte en el camino tenebroso y largo.

Únicamente Dios o el diablo saben si esa alma en prolongada lucha de torcimiento, se salvará sin romperse.

Antiguamente cuando un hombre procedía de ilógica manera respecto a sus intereses espirituales, se decía que había vendido su alma al demonio. En la actualidad, ¿qué nombre cabe dársele a esta consumación de un contrato entre dos seres, de los cuales uno es consciente de que fatalmente tiene que hundir al otro? ¿Y en el cual ambos tienen, a su vez, la certeza de tener que aprestar todas sus fuerzas en la lucha por no perecer?

Balder pensaba que, bajo las formas de vida más materialista, existían pecados de naturaleza confusa e inhumana. Por ejemplo, ¿de qué manera podía vivir el hombre que traicionó a Jesús? El suicidio de Judas Iscariote se apoya en el horror que por sí mismo engendra un terrible pecado en el hombre que lo cometió. Si un hombre no tiene el coraje de quitarse la vida, su permanencia en el recuerdo del crimen convierte al mismo crimen en un ramal del camino tenebroso y largo.

Entrar a ese camino era para Balder una preocupación subconsciente. Es decir, buscaba romper los vínculos que lo ligaban a la sociedad de sus semejantes, para penetrar al subsuelo donde se movían las larvas. Refiriéndose a semejante estado, decía Balder luego:

«Si en aquellas circunstancias, un ser superior a mí, se me hubiera acercado para pronosticarme los millones de minutos de sufrimiento que me aguardaban, no habría retrocedido en mi propósito de estar junto a Irene. Cada pulgada cúbica de mi cuerpo exigía imperiosamente la prolongación del hechizo a que me había sometido la jovencita. Era necesario, "imperiosamente necesario" para mí, el recorrido de esa misteriosa trocha de subsuelo humano, donde los pálidos recuerdos subconscientes, los ancestrales monstruosos y los destinos ciegos aguardan para nutrirse de nuestra sangre, que allí les será concedida en profundos vasos.

Quiero hacer constar una anomalía:

La experiencia aplicada a la deducción de sucesos que lógicamente tenían que ocurrir (el tiempo confirmó después mis suposiciones), en vez de aminorar el deseo de entrar al camino prohibido, lo encendía y dilataba. ¿No es realmente diabólica esta química de los sentimientos, que en vez de derivar de lo oscuro a lo claro, como exige la lógica de los afectos normales, procede inversamente, yendo de la luz hacia las tinieblas y de lo conocido hacia el misterio? Trasponiendo esta línea comienza la transgresión sistemática de cuanto principio de bondad natural alberga el hombre el fondo de su conciencia. Busca una verdad definitiva a despecho de sus errores».

Se repite la leyenda:

El Príncipe Desobediente, a despecho de los consejos de sus Maestros, quiere entrar al Camino Prohibido, donde lo acechan innúmeras Tentaciones. Sabe que si no es fuerte, perecerá entre las fauces de un Monstruo misterioso. El Príncipe tiene Fe, se lanza al Camino Tenebroso y vence al Monstruo. De este combate le nace la Sabiduría.

Atmósfera de pesadilla

A Balder le parece deslizarse sobre un piso de goma. Sin embargo, el piso no es de goma sino de madera. Cruza una amplia sala abovedada en yeso blanco, un espejo refleja su transitorio pasaje y entra a una galería...

Tres cabezas giran para mirarlo, sobre un fondo de pámpanos verdes.

Irene, Zulema y un hombre.

El hombre se pone de pie y le estrecha la mano. Es pequeño, cala anteojos calzados en una nariz de caballete y su continente es sumamente frío. Las palabras escapan casi sibilantes de entre sus labios finos. Balder experimenta una sensación de repugnancia.

—Tanto gusto, ingeniero Balder...

Balder se sienta a la mesa frente a Irene. Se sumerge en sus hermosos ojos que han pasado del marrón al verde.

—... era indispensable, como usted comprenderá...

El hombre se expresa con cierta melosidad astuta. Balder dice que sí, pero lo escucha imperceptiblemente. En cambio su mirada absorbe el rostro del otro y el hombre pequeño localiza el tremendo asunto bajo la forma de su figura odiosa.

Balder trata de recobrar su equilibrio mental y repite:

—Claro... claro... yo deseaba conocerlo...

Zulema lo observa y le da con el codo a Irene.

El hombrecillo frío sopla la apertura de juego:

—... He sabido por Zulema que usted está casado.

Balder adueñándose de sí mismo mira a la muralla de ligustros que encierra un patio de tierra endurecida. Un pentagrama de cables telegráficos se interrumpe en la altura triangular de una magnolia. A ras del suelo, más allá de los troncos de ligustros, pasan alpargatas blancas y pantalones negros...

—Tengo que reconocer que usted ha procedido como un caballero...

Balder se pregunta:

«¿Es posible que este hombre sea tan brutal como lo pinta Zulema?».

—... pero esto no es suficiente. Yo soy amigo de la familia Loayza...

—¿Cómo está usted? —Pregunta Balder a Irene, no atreviéndose a tutearla frente a ellos. Luego Balder se vuelve hacia Alberto y completamente dueño de sí mismo, responde: —¿Qué opina usted de todo esto?

El hombre meloso da la sensación de sumergirse en un cálculo de ajedrez. Enroca:

—Nada se ganaría con oponerse a ello. ¿No le parece a usted?

—Así es... así es...

—¡Oh!, Alberto —interrumpe Irene.

—Pero usted es amigo nuestro, ¿no? —interroga Balder.

—Sí, pero además soy amigo de la familia Loayza. Irene es una criatura ingenua...

Bader e Irene intercambian una mirada maliciosa. Él piensa vertiginosamente:

«Yo no puedo pretender que este mecánico me defina su criterio acerca de la ingenuidad. De comenzar a revisar las palabras que utilizaremos en nuestro intercambio mental, es cosa de no terminar nunca».

—¡Oh, sí!, yo estoy de acuerdo con usted que Irene es una criatura ingenua, y por ese motivo he procedido con ella con una nobleza a que nadie me obligaba. Posiblemente las palabras se desnaturalizan al pronunciarlas. ¿No opina eso, usted?...

El hombre astuto echa la cabeza hacia atrás. A través de sus lentes, sus ojos rebuscan en el semblante de Balder la ironía. Pero Balder permanece serio. Su seriedad es interna y externa. El hombre de voz sibilante interrumpe meloso:

—¿Y cómo no preocuparme por Irene si yo desempeño junto a ella el papel de un padre?

Un gallo rojo detenido en la escalinata de mármol de la galería se pone a mirarlos. Su rugosa cresta parece atenta, grazna algo, pasa tras la silla de Irene y se pone a picotear infructuosamente el mosaico.

Estanislao experimenta tentaciones de preguntarle al hombre por qué es tan meloso para hablar. Se atrevería a compararlo con una víbora soplando un pestífero secreto en sus oídos.

—En conocimiento de ello es porque he aceptado que usted interviniera en este asunto.

El hombre sutil se adoba las mejillas y maxilares con la mano. Al mismo tiempo espía el semblante de Estanislao. La situación es insoportable. Balder quisiera escaparse. El hombre frío continúa implacable:

—No bastan las buenas intenciones. De la única forma que podemos tolerar que usted tenga relaciones con Irene es divorciándose de su esposa. Irene es una niña de sociedad...

Balder se pregunta vertiginosamente:

«¿De qué sociedad...?».

Alberto prosigue:

—Su padre ha sido teniente coronel de nuestro ejército. No negaré con usted que ciertos convencionalismos sociales no tienen valor alguno, pero estamos viviendo en sociedad y debemos respetarlos.

Balder trata de disimular su estupefacción. Y piensa:

«¿En qué país estamos? Este obrero que tiene la obligación moral de ser revolucionario me viene a conversar a mí, que soy un ingeniero, de la necesidad de respetar los convencionalismos sociales. Qué lástima no estar en Rusia. Ya lo habría fusilado».

Balder no lanza sus injurias. Responde suavemente:

—Yo también me he dado cuenta que Irene es una niña de sociedad y que tiene derecho a exigir de mí que la haga feliz divorciándome de mi esposa para casarme con ella.

El hombre meloso lanza subrepticiamente su pregunta:

—¿Y usted se casaría con Irene?...

—Sí... me voy a casar. Tengo el presentimiento de que seré feliz con ella.

Irene clava sus ojos aleonados en Balder. El ingeniero contempla emocionado su cara tiernamente pálida bloqueada por muescas de rulos negros. Se aprietan las manos frente a Zulema y Alberto, y vertiginosamente por la imaginación de Balder cruzan montañas, nieve, casas de techo inclinado; él llega hasta su verja de roble e Irene sale a su encuentro para besarlo. ¿Por qué no? ¿Al fin y al cabo es tan grande crimen abandonar a su esposa y a su hijo?

Furiosamente interviene Zulema:

—No le quede duda, Balder, no le quede duda. ¿Quién sino Irene puede hacerlo feliz? Quédate quieta, chica. Usted no sabe lo buena que es...

Balder mira el ancho semblante de Irene, sus ojos que lo beben lentamente y contesta:

—¿Te parece que nos vamos a entender?...

Irene se ruboriza lentamente.

—Sí, Balder, nosotros vamos a ser muy felices —Estanislao mueve la cabeza como convencido, y no puede evitar un escalofrío de tristeza. Y sin embargo el sol deslumbra más allá en un toldo anaranjado y los pájaros ponen en lo verde un innumerable roce de vidrios. Pero su corazón está triste.

Alberto, que con los brazos cruzados mira la tabla de la mesa levanta la cabeza y reflexiona:
—¿Podíamos comportarnos nosotros de otro modo, Balder?
—¿Por qué me pregunta eso?...
—Naturalmente. Irene lo quiere a usted. Nos consta. ¿Qué otra cosa podíamos hacer que ayudarla a ser feliz?
Estanislao se siente inclinado a juzgarlo indulgentemente a ese hombre meloso que simultáneamente lo aturde e hipnotiza y hace un gesto vago, que se trunca en el aire, al tiempo que Zulema exclama:
—Qué notable. Usted, Balder, tiene un gesto idéntico a uno de Rodolfo.
—Alberto no hace hincapié en la interrupción y continúa:
—Pongamos por caso que nosotros nos opusiéramos a que Irene tuviera relaciones con usted. Los dos encontrarían la forma de verse de igual modo, ¿no es cierto? ¿Y podría evitarse lo que tiene que ocurrir?
—Sí, es claro... —Balder contesta vagamente. Su pensamiento está en otra parte:
«¿Sospechará este hombre que su mujer lo engaña? ¡Qué tranquilidad extraña la suya! Y sin embargo, me jugaría la cabeza que ella lo engaña. No con un amante, con varios».
—... yo sé perfectamente que la señora Loayza se llevaría un terrible disgusto si supiera la verdad de todo lo que está ocurriendo, mas ¿podemos nosotros proceder de otro modo en bien de Irene?...
—Sí... claro, claro.
Balder piensa:
«Y si él le diera la oportunidad a su mujer para que lo engañara y convertirla así en una prostituta, ¿qué tendría de raro? La tranquilidad de este individuo es anormal. ¿Será el cornudo consciente? Pero, no... Este modito suyo parece el de una caldera que hace presión. En cualquier momento va a estallar».
—... por otra parte, pretender que usted simultáneamente al tiempo de conocer a Irene estuviera divorciado, es un disparate...
—Es lo lógico... sí, claro...
Balder piensa:

«Tiene toda la traza de los que introducen incautos al camino tenebroso. ¿No será un dragón disfrazado de mecánico?».

—... porque si bien por una parte usted no puede estar divorciado; por la otra, ya debiera estarlo, pues si no se lleva bien con su esposa, ¿para qué prolongar vínculos matrimoniales?

«Este hombre tiene toda la pasta de un alcahuete. ¿Qué diablo le importa si yo estoy divorciado o no? ¡Dios mío... a qué punto he llegado!».

De pronto exclama Zulema:

—Vea lo que son las cosas, Balder. Usted tiene el mismo gusto para las corbatas que Rodolfo.

«Rodolfo es el amante número uno» —piensa Balder.

Experimenta la sensación de encontrarse en una atmósfera de pesadilla. Irene silenciosa, Zulema silenciosa, el mecánico parlanchín, meloso y categórico. Balder tiene ganas de gritar que lo dejen tranquilo, que no lo atormenten más, que hará todo lo que ellos quieran, que sí, que se divorciará. ¿Por qué ese hombre helado se obstina en inmiscuirse en asuntos ajenos? No sería más razonable que...

Irene murmura:

—Alberto, se me hace tarde... mamá puede sospechar...

Zulema se ofrece:

—Si querés te acompaño...

El mecánico magnánimo paga la consumición. Se pone de pie. Caminan.

Zulema combina indirectamente una cita.

—Mañana a la noche vamos al cine. ¿Quiere venir Balder?

—¿Usted viene, Irene?...

—Ah, claro... haré lo posible, siempre que mamá me permita.

Balder revienta de curiosidad.

—¿Usted tiene taller mecánico?

—Sí... tenemos un poco de todo... bobinado... carga de acumuladores... Pienso agregarle vulcanización. En fin, veremos, porque vulcanización sería una sección aparte.

—Cualquier día lo voy a visitar a usted, ¿eh?...

—Cuando guste, ingeniero... ¿Y a usted cómo le va con su profesión?...

—Mal... no se hace nada.

—Entonces, mañana a la noche...
—Sí... a las nueve... en Retiro...
Salen al andén.
Alberto y Zulema les vuelven las espaldas. Irene muy tiesa junto a Balder le aprieta un brazo.
—Chiquito... ¡qué feliz me has hecho hoy!
—¿Te parece que le he resultado simpático a esa gente...?
—Oh, sí, sí, son muy buenos. Y vas a ver cómo nos van a ayudar.
Suenan dos campanadas.
Alberto, volviéndose hacia él, dice sonriendo, casi ruborizado:
—Mire, ingeniero, que va a perder el tren.
De pronto todos se miran amistosamente. Irene, Balder, Zulema y Alberto. Ninguno de ellos podría precisar qué es lo que ha ocurrido a través de sus almas, mas se comprenden amigos.
Dos silbatos cruzan el aire.
—Hasta mañana a la noche.
—A las nueve, sí, a las nueve...
Balder sube al vagón. Irene, Zulema y Alberto lo saludan con amplios movimientos de mano, como si emprendiera un viaje muy largo y peligroso.
El convoy resbala lentamente, entre estampidos de aire comprimido. Los tres brazos continúan saludándolo hasta que una curva deja el andén en una recta oblicua que hace imposible toda visión.

Extractado del diario del protagonista
Mi intimidad con Zulema y su esposo crecía a medida que el amor que experimentaba hacia Irene magnificaba más y más mi vida hasta hacerme pensar seriamente en separarme de mi esposa.

A través de la lectura de novelas me había creado un concepto casi dionisíaco de la pasión.

El amor se desplazaba más allá de los círculos del deber, era un carro de fuego que arrebatando al hombre de la superficie terrestre, lo fijaba en las alturas de la alucinación. Los pintores religiosos han representado semejantes estados de ánimo bajo la forma de almas envueltas en largas túnicas, que asoman finos perfiles a orillas de verdosos abismos interplanetarios.

Inconscientemente necesitaba un pretexto para engrandecer mi existencia y el sentido de la vida, que de por sí no es grande ni noble, sino pequeña y monótona. Y la amorosa generosidad de Irene hacía reverdecer, en mis oscuros días de hombre casado, sensaciones que no regustaba desde la adolescencia.

A su lado, como el mar en una escollera, mi sensibilidad batía compacta olas de emoción. Yo la llamaba madre y hermana mía. Ingenuo a semejanza de todos los amantes novicios, creía haber descubierto un continente. Ningún ser humano había penetrado allí aún antes que yo. Una suma de circunstancias, por completo ajenas a mi voluntad, se produjeron oportunamente, acrecentando mi pasión.

Zulema había ingresado al cuerpo de coristas del Colón. Aleganado exigencias de trabajo, dejó su casa de Tigre, mudándose a una pensión en el centro, próxima al teatro. Alberto, para cenar y almorzar, se sacrificaba diariamente efectuando cuatro viajes de tren y otros cuatro de tranvía. Zulema, de las profundidades de su egoísmo, extrajo estas ingenuas palabras:

—Un poco de movimiento le sentará muy bien al pobre.

A su vez, Irene visitaba casi todos los días la casa del mecánico. Su madre se lo permitía. Ambas amigas explicaban la aparente anomalía de esta desmedida libertad, como producto de la confianza originada por una antigua amistad. Yo, después de almorzar en mi pensión, me dirigía a la casa de Alberto. Zulema, como si el piso le hirviera bajo los pies, arreglaba su tocado casi entre plato y plato. Con el pretexto de asistir a un ensayo o a un curso de canto desaparecía, a veces, cuando el mecánico inclinaba pensativo la frente sobre el plato de queso y dulce. Y también, en otras oportunidades, Irene llegaba antes de que Alberto se dirigiera a Tigre.

Yo vivía en sacudida perplejidad. Encontraba anormal la libertad que disfrutaba Irene, anormal la libertad que para sí misma utilizaba Zulema y también aquella otra que nos concedía Alberto. Sin embargo, no podíamos pretender que éste, para atendernos, descuidara los intereses de su taller o que Zulema dejara de lado las obligaciones inherentes a su nuevo cargo, y menos aceptar que ambos nos privarán de vernos por estúpidos prejuicios que no tenían razón de ser.

De manera que nos movíamos en un círculo de factores enigmáticos. Voluntaria o involuntariamente, la conducta de uno estaba tan ligada a los actos del otro, que yo no podía menos de pensar en esas combinaciones técnicas preparadas en los juegos de azar, para que, llegado a un punto, el azar se convierta en trampa.

Irene, en un abrazo me apretaba sobre su pecho, recogiéndome el mentón entre sus dedos y apretando sus labios en los míos. Una tristeza suave, cierto remordimiento enrojecido de vergüenza, se removía penosamente en mi conciencia. Bajo la aleonada convexidad de esos ojos que volcaban amor en los míos, yo me preguntaba sobrecogido de pena:

«¿Por qué trato de enturbiar la emoción más pura de mi vida? ¿Por qué pienso vilezas? ¿Soy o no digno de este gran amor?». Y de pronto, sin poderme contener, le decía:

—¡Oh, mi hermanita, mi hermanita!...

De un salto había ascendido hasta la celeste atmósfera de irrealidad que subsiste permanentemente entre un hombre y una mujer, entre los cuales aún no se ha producido la desnudez definitiva. Allí era héroe, gigante, dios. Proyectaba y soñaba. ¿Qué no haría por Irene? Ella me escuchaba, incitándome a trabajar.

¿Por qué había descuidado la arquitectura? ¿Por qué no escribía en los periódicos sobre la ciudad futura? Aquel artículo de los rascacielos de metal estaba muy bien.

Yo le decía que «sí», estancándome en la obsesión de quererla. La única actividad que espoloneaba mi trabajo intelectual era aquel mundo que tenía la forma de una mujer que se llamara Irene, y única entre los mil quinientos millones de mujeres caminando sobre el planeta.

Otros recuerdos despiertan en mí a medida que trabajo en la recomposición de esta batalla extraordinariamente larga y tan sombría que, a momentos, me parece que por su altura se desplaza un sol oblicuo y bermejo. Irene y yo somos dos siluetas negras, inmóviles en una llanura más lisa que un silencioso mar de petróleo. De nuestros pechos se desprenden cuajarones de sangre. Enrojece la extensión de la pista negra y nosotros no hablamos ni hacemos nada. Nos desangramos esperando la muerte... Pienso que esto puede ser poesía... pero es perfume de mi amor que ha muerto, y yo amo la fragancia de este pobre amor muerto como una madre ama las ropitas de un hijo que, hace mucho tiempo, ha sido sumergido en la tierra...

Me acuerdo...

Irene era sumamente persuasiva. A este poder suyo de persuadir, yo lo llamaba erróneamente potencia de bondad. No disputábamos nunca, porque ella jamás oponía una razón a mis razones. Me escuchaba en silencio. Resultaba difícil hacerle abandonar semejante pasividad, en la cual, como único signo de inteligencia, deslizaba un movimiento de cabeza, indicando comprensión. Aunque observaba esta actitud no hacía hincapié en ella. Me emborrachaba con mis frases y, después de un largo coloquio, ella en vez de responderme algo concreto, me hacía inclinar la cabeza sobre su pecho. Yo me abandonaba como una criatura fatigada en el regazo de su madre y sus besos candentes eran la respuesta más eficaz. Los hombres tenemos frente a las mujeres el pudor de nuestras debilidades, pero junto a Irene, yo pensaba en voz alta y me confiaba por completo. Deseaba no mentirle nunca, pero a veces lo intentaba y si lo conseguía (creo que simulaba creerme), experimentaba luego un remordimiento que me obligaba a decirle:

—Criatura querida, te he mentido. Perdóname.

Descubrí además que la exaltación producida por la confesión de una mentira era tan intensa y pura que muchas veces falseaba los hechos deliberadamente, para experimentar el goce voluptuoso de refugiarme en ella tímidamente.

Se me ocurre preguntarme ahora por qué la jovencita, si me quería como decía, no experimentaba el mismo remordimiento que yo, al ocultarme hechos sobre los cuales la interrogaba. Mas no anticipemos los sucesos. Su conducta reservada debió sobresaltarme, pero Irene ya sabía hacerse perdonar en silencio con caricias perfectas. Y yo olvidaba.

Había nacido otra vez y cuando le confiaba el prodigio que eclosionaba mis sentidos, sonreía.

Aún ahora ignoro hasta qué punto pudo haberme querido. Pienso que es sumamente difícil investigar la profundidad de los sentimientos humanos y me digo que aquella mujer que nos ame con un poco de inteligencia puede proporcionarnos tanta felicidad como si agonizara de amor por nosotros.

Más tarde... mucho más tarde, escuché una confidencia que durante muchos días resonó en mi entendimiento como una burla atroz. En vísperas de casarse, una amiga mía me decía:

—Yo no quiero a mi novio y me caso por interés con él, pero ninguna mujer sobre la tierra podrá proporcionarle la felicidad que yo le doy, pues antes de besarlo he pensado en el modo cómo lo haré, a fin de que mi beso le cause mayor felicidad.

—No es posible sostener esa comedia —repuse.

—No sólo es posible, sino que me he acostumbrado de tal modo que, en vez de fatigarme, el juego me despierta interés a ver hasta qué punto soy capaz de engañar a un hombre y conquistarlo para siempre, de manera que ninguna otra mujer pudiera arrebatármelo.

Cuántas veces me he preguntado después, si mi Irene no habría repetido esa farsa tan común a la mujer de nuestro ambiente.

¿Su silencio nacía de su falta de inteligencia? No. ¿Era táctica? Cuando conversaba con ella, una expresión de acecho aparecía en rostro. El oblicuamiento de las cejas ponía cierta crispación de fierecita que atisba el momento para dar el zarpazo.

Más tarde, comentando el silencio de Irene con una anciana que, en su juventud, había tenido diversas experiencias amorosas, ésta me explicó:

«El secreto del cual se valen las mujeres astutas para atraer a un hombre inteligente es el silencio. Esta táctica da buenos resultados, porque el hombre, curioso por naturaleza, trata de investigar qué es lo que puede ocultarse bajo el silencio y, a medida que indaga, se va enamorando; de manera que cuando trata de retroceder, se le ha hecho muy tarde».

En verdad, Irene es la jovencita menos espontánea y franca que he conocido. Mas en aquellos días yo aceptaba la voluptuosidad que nacía de sus caricias como el don más preciso y puro que pudiera serme ofrecido sobre la tierra.

Los labios de las otras mujeres eran leños junto a sus labios. En cada beso suyo se suspendía la tibieza de su sexo. A veces la miraba sorprendido. ¿Dónde había aprendido a desvanecer un beso con tanta delicadeza? Cierta tristeza que no me atrevía a confesarme, crecía paulatinamente con mi amor. Cada día que pasaba me sentía más y más preso en la temperatura de su carne, que no era carne sino una especie de pulpa tropical embriagadora con sus emanaciones calientes. Apretaba la cabeza contra sus senos y me quedaba semiadormecido contemplándole el fondo de los ojos. Irene, con tres arrugas en el nacimiento de su ceño, me aseguraba firmemente en su regazo. Le acariciaba lentamente los rizos de cabello que corrían como dos riachos de azabache a lo largo de su garganta tibia, le tocaba (identificándola no sé desde qué otra vida) las mejillas aterciopeladas, bebía despaciosamente entre sus labios un licor de saliva cálida, terrible, cuya miel me requemaría las entrañas para siempre.

Cruzábamos esas desesperadas palabras de todos los amantes, que cuando se pronuncian dejan tanta firmeza en el alma:

—Nos querremos siempre, ¿no, querido?
—Sí, siempre, alma, siempre...
—No me dejarás nunca, ¿no?
—Nunca, ¿y tú?...
—Nunca, te lo juro... ¿Cómo podría dejarte? ¿No ves que sos la vida... mi vida, mi propia vida?

Quizás en los momentos en que he evocado estas palabras, ella tenga apoyada la cabeza, semejante a una criatura con sueño, en el pecho de otro hombre, a quien le preguntará con la misma mirada, adolorida e ingenua:

—No me dejarás nunca, nunca, querido... ¿no?

Y él, inyectando firmeza de eternidad en su pobre alma terrestre, le contestará:

—Te juro... nunca... ¿Cómo podría dejarte si sos mi vida?

Mas ¿por qué he escrito estas palabras? ¿Tengo derecho a ser injusto... o justo? El propósito de mi diario no es demostrar que Irene es mejor o peor que sus otras hermanas las mujeres, ni yo Balder mejor o peor que mis otros hermanos los hombres. No. Mi propósito es evidenciar de qué manera busqué el conocimiento a través de una avalancha de tinieblas y mi propia potencia en la infinita debilidad que me acompañó hora tras hora.

Cuando el amor avanzó
Alcoba conyugal. Balder y su esposa Elena. Tinieblas. Palabras que chasquean rencorosas.

BALDER: Quiero a esa criatura y no la dejaré, ¿entendés? No la dejaré nunca.

ELENA: ¿Para qué me sacaste de mi casa?

BALDER: No te he sacado. Pero en el supuesto caso que lo hubiera hecho, ¿querés decirme qué me has dado? Vida gris... eso. Desde que nos casamos. Reproches. Luchas.

ELENA: Sos un perro, callate.

BALDER: ¡Oh!, sí... un perro (tratando de ofenderla). Pero nunca al perro le has dado un beso como el que le dio la deliciosa criatura.

ELENA: ¿La deliciosa criatura se acuesta con todos los hombres? ¿No?

BALDER: Podés revolverte como una hiena. Es inútil. La quiero, la querré siempre...

ELENA: ¿Y te retengo a mi lado acaso? ¿Por qué no te vas?

BALDER: Irme... Puede ser que algún día me vaya... puede ser. Ahora no.

ELENA: Podés irte mañana mismo si querés.

BALDER: ¿Y vos entonces? (despectivo). En medio de todo me das lástima. Sos una de las tantas víctimas de la maquinaria.

ELENA (sardónica): No te preocupes por mí.

BALDER: ¿Y quién te dice que me preocupo por vos? Me preocupo por mí... no por vos...

ELENA: Entonces, ¿por qué no te vas?

BALDER: ¡Hum! ¡Hum!... Es probable que me vaya... pero si esa chica es virgen.

ELENA: Así, ¿esas tenemos ahora? La deliciosa criatura no es virgen.

BALDER (irónico): Sospecho que no es virgen.

ELENA: Vas a morir en la basura como un cerdo. Eso. No sé por qué gasto saliva con vos. Sos un depravado.

BALDER: Sí... soy un depravado porque digo y cavilo la verdad, ¿no?

ELENA: Qué me importan tus asquerosas verdades.

BALDER: Sí... son asquerosas... Pero yo comienzo a vivir ahora... ¿sabés? Recién ahora. Hasta hoy me he movido en la tristeza y la oscuridad. Eso es lo que encontré a tu lado. Tristeza y oscuridad. Mira... a Irene le he contado todo lo nuestro. La comedia de nuestras relaciones íntimas... tu frialdad... tus besos falsos; le he contado...

ELENA (reteniendo una explosión de cólera): ¿Y a mí me contás tus sospechas de que no es virgen? ¿No es así?
BALDER: Estoy mareado. Hablo con vos como podría hablar con una piedra. Necesito hablar con alguien. Si no me querés escuchar, tapate la cabeza con las sábanas...
ELENA: No hace falta.
BALDER: Estoy triste por culpa tuya... y mía. Hasta hoy he vivido en las tinieblas. Si me preguntás lo que son las tinieblas puede ser que no sepa qué contestarte. Viviré... me mataré. No lo sé. Dios sólo lo sabe.
ELENA: Uff... cuántas palabras inútiles...
BALDER: Tenés razón. Son palabras inútiles. Toda mi vida no he hecho nada más que decir palabras inútiles. Cuando fui tu novio, te dije palabras inútiles... Vos pensabas cómo sería tu juego de dormitorio mientras yo te hablaba de las estrellas. Posiblemente en eso Irene se te parece. Irene no piensa en el juego de dormitorio mientras estoy a su lado. Piensa en el divorcio. Y yo soy un hombre...
ELENA: ¡Vos un hombre! Hacé el favor... No me hagas reír...
BALDER: Soy un hombre. Puedo tirarte a la calle a vos... Puedo sacarla a ella de su casa. Puedo cometer un crimen. Puedo...
ELENA: ¿No podés callarte la boca?...
BALDER: Puedo también callarme la boca... pero no lo haré. Ni vos, ni Irene, ni Alberto...
ELENA: ¿Quién es Alberto?...
BALDER: Alberto es el padre espiritual de Irene o algo por el estilo. Está casado. Sospecho que la mujer lo engaña...
ELENA: ¿La mujer es esa desvergonzada que habló por teléfono preguntando si vos estabas?
BALDER: Exactamente la misma. La has clasificado bien. Lo mismo pensé yo cuando la conocí.
ELENA: Así que el padre espiritual de tu... tu diosa, es cornudo...
BALDER: Sospecho. Puede ser que sea otra cosa. No sé. Te hablo porque me siento tan solo en la vida como si me encontrara en un desierto. Ésta es una palabra, ¿sabés?, la que dije antes es otra palabra... Todo lo que digo son palabras.

ELENA: ¡Si supieras el asco que te tengo! ¡Oh!, no te lo imaginarás nunca.

BALDER: Sí, pero no me ofende ni me molesta tu asco. Irene también sabe que me tenés asco.

ELENA: No tenés sangre en las venas...

BALDER: Mi sangre es otra sangre. Posiblemente... no sé cuándo... algún día demostraré que mi sangre... Algún día me pondré en el lugar donde todos los que tienen sangre van a retroceder. Todavía no se presentó la oportunidad y por eso te desprecio con esta tranquilidad.

ELENA: Mañana mismo te vas de esta casa. Y si no te vas, tiraré tus cosas a la calle.

BALDER: Me iré... claro que me iré. Es lo que deseo... irme...

ELENA: Callate... y andate...

BALDER: Tengo que hablar. Ésta es la última noche que pasamos juntos. No sé si lo que me espera es el Paraíso o el Infierno. Pero es necesario que vaya. Que vaya solo a meterme de cabeza al pozo. Te prevengo que más lástima que vos me da Irene... porque si ella ha mentido le voy a romper...

ELENA: ¡Pero te ha enloquecido esa mujer!

BALDER: Sí. Me ha vuelto loco y no sé con qué. ¿Será con sus besos? ¿Será con su alma?

ELENA: ¿Vos crees que esa perra tiene alma?

BALDER: No sé ni quiero pensar. La he visto llorar. ¿Me ha embrujado? No sé. Tienen que ocurrir cosas extraordinarias. No sé si las voy a soportar o no. Lo único que puedo decirte es que es la primera vez en mi vida que he conocido amor. La quiero. ¡Ah!, ¡si vos supieras cómo la quiero! No te imaginás, Elena, cómo la quiero. No te podés imaginar.

ELENA (sardónica): Es tu diosa... ¿no te lo decía yo? Una diosa. ¡Cómo no la vas a querer a una diosa! ¿Y a tu padre espiritual, no lo querés? ¿No te han llamado todavía para que les laves los pies y les lleves las escupideras...?

BALDER: Hacés bien en creerme débil. De otro modo te verías obligada a matarme de un tiro. Si vos supieras cómo la quiero me matarías. Pero como en vez de corazón tenés una piedra, no te podés imaginar... Dios te ayuda en medio de todo.

ELENA: Más de lo que suponés, me ayuda Dios...

BALDER: Es una desgracia. Nadie comprende nada...

ELENA: ¿Qué es lo que no comprende?...

BALDER: No sé. Un camino se abre ante mí. Si Irene falla no sólo que perderé a ella, sino que te perderé a vos. Esto no tiene importancia. Hay algo más grave en el fondo. Me habré quedado solo en el mundo. Solo entre mil quinientos millones de mujeres.

ELENA: Cómo... ¿no te va a acompañar la diosa?

BALDER: No seas ingenua. Ella es también de carne y hueso. Dios sólo sabe lo que va a ocurrir...

ELENA: Me das asco, te digo. Estás hablando tanto de Dios y lo único que hacés es faltarle el respeto cuando lo nombras.

BALDER: ¿Y qué sabés si yo no creo en Dios? ¿Y más profundamente que vos? ¿O es que estás en mi interior...? ¡Es cómico esto! Nunca te has interesado por lo que creía ni dejaba de creer y ahora resulta que te ofende que nombre a Dios. Nombraré al diablo si te conforma...

ELENA: Lo que me conformaría es que me dejaras dormir...

BALDER: Mañana dormirás tranquila. Me iré a una pensión.

ELENA: Perfectamente. Buenas noches.

Silencio. Tinieblas. En Balder el soliloquio crece como de un hato de fuego, una nube azul de humo. Piensa en Irene. Le habla en su pensamiento.

BALDER: ¿Ves, Irene? Ya ha nacido el conflicto. ¿Te das cuenta ahora que te quiero?

EL FANTASMA DE LA DUDA: ¿Por qué le dijiste a Elena que si Irene no era virgen?...

BALDER: Son palabras...

EL FANTASMA DE LA DUDA: Balder, Balder, no le mientas a tu Amigo.

BALDER: Mi amigo... ¿Vos sos mi amigo?

EL FANTASMA DE LA DUDA: No... no soy tu amigo... Soy algo más profundo todavía. Tu conciencia...

BALDER: Estoy triste a momentos. Quiero confesarte la verdad. Me da vergüenza...

EL FANTASMA DE LA DUDA: Te da vergüenza...

BALDER: Sí... quisiera ser hombre de otro modo.

EL FANTASMA DE LA DUDA: Hombre de otro modo. ¿Qué querés decir con eso?

BALDER: Pienso que los otros hombres no tienen mis desviaciones. Yo hablo... hablo... pero en el fondo soy como un idiota. ¿Por qué no fijo ideas? ¿Irene me ha engañado alguna vez? No... no es eso lo que quiero decir. Irene tiene una experiencia sexual. No quiero pensar. Mira... me da vergüenza hablarte...

EL FANTASMA DE LA DUDA: Ahora no soy el Fantasma de la Duda. Soy algo más íntimo y precioso tuyo. Algo frente a lo cual tenés que arrodillarte, Balder. Soy algo tan precioso en vos como lo es Irene. Decime: ¿la creés a Irene?

BALDER: Sí...

FANTASMA: Bueno... como la creés a Irene debés creerme a mí...

BALDER (medrosamente): Es que ciertas cosas no le creo a Irene.

FANTASMA: Criatura...

BALDER (con curiosidad): Decime... ¿un hombre puede ser criatura a los veintinueve años, teniendo un hijo de seis años...?

FANTASMA: Sos una criatura con la apariencia de un hombre...

BALDER: Pero las criaturas no cometen canalladas. Y yo las cometo. ¿Por qué le he hablado así a Elena? ¿Por qué he entrado en este camino? Irene... ¿vos te das cuenta lo que es Irene en mi vida? Ella posiblemente nunca comprenda lo que la quiero. Es una chica de barrio. Y yo soy un alma. Un alma embutida en un cuerpo terrestre que a momentos quiere morirse para escapar de esta prisión. No te miento; ¿por qué anhelo la pureza y me revuelco en la porquería? Y la quiero. La querría aunque se hubiera entregado a otros. Sí. Y al mismo tiempo que aceptaría esto, rechazo esto. ¿Te das cuenta? Quisiera ser como otros hombres. No ver lo que veo. No sentir lo que siento. Me consumo pensando y sufriendo. Sufro por mí, por Elena, por Irene. Sufro por todas las desgracias que voy a provocar. Y sin embargo, marcho hacia este mecanismo de desdichas como si estuviera hipnotizado.

FANTASMA: ¿Tenés miedo?

BALDER: Sí... a momentos tengo mucho miedo. No he sabido hacerme sitio en la Tierra. ¿Te das cuenta de esto, Fantasma mío? No he sabido hacerme sitio en la Tierra. Hay momentos en que creo que me voy a volver loco. El miedo que tengo es un miedo frío, ¿sabés?... Dejame que piense..., un miedo de alma que todos los demás han apartado de su lado. No tengo miedo de que me asesinen, por ejemplo. No. Hay momentos en que Alberto me produce la impresión de un hombre capaz de matarme por la espalda... y no tengo miedo. No tengo miedo de la muerte física. No. Tengo miedo del desamparo en que vivo, de la incredulidad feroz que me rodea. Quiero creer y no puedo. Quiero creer en Irene y no puedo creer. Estos momentos de duda me martirizan horriblemente. Y pienso adónde ir si estoy solo en el mundo.

FANTASMA: E Irene...

BALDER: No juguemos con palabras, por favor. Vos sabés cómo soy yo. Todo tiene que terminar algún día. Será un año... dos... no importa... Un día Irene me dejará también.

FANTASMA: ¿Y sabiendo que te dejará vas hacia ella?

BALDER: Sí. ¿Te das cuenta? Me llama de ella algo inexplicable. En muchos momentos pienso si a esa mujer no tendré que matarla y matarme sobre ella.

FANTASMA: ¿Cuándo se te ocurrió esa idea?

BALDER: No sé... Apareció al soslayo... No sé nada. Soy sincero como si estuviera por morir. No sé nada. Soy un hombre perdido en su propio desierto. Si Dios existiera... Pongamos que existiera Dios... pongamos que existiera un Alma Santa sobre la tierra. Yo iría y me arrodillaría y contaría todo lo que me pasa. Sólo un alma santa puede juzgarme y condenarme.

FANTASMA: Un alma santa...

BALDER: ¡Tengo tantas cosas que decir! Tantas que son infinitas. Nadie puede escucharme. Hasta vos, Fantasma, me parecés algo inferior y pequeño a mi lado... ¿Te das cuenta?; hasta vos, Fantasma.

FANTASMA: ¿Y quién te dice que no lo sea en verdad?...

BALDER: Pienso en mi ingeniería. ¿Qué importa mi ingeniería? ¿Qué importa mi talento? ¿Qué importa todo lo que soy, lo que puedo ser? Me parece que los hombres del mundo hacen un círculo en torno de mí. Todos contemplan el acto que voy a realizar: el de ir hacia Irene. Irene también forma parte de esa multitud que no comprende nada y me mira absorta diciéndose: ¡Cuántas cuestiones hace este hombre por su pequeño amor! Sí, Fantasma, hasta Irene me mira sorprendida en medio de la multitud y no comprende. Pero voy hacia ella. No sé lo que pasará. Sé que tengo aquí en mi pobre pecho un amor enorme hacia esta criatura, que ella va a romper mi

vida y me contemplará, pareciéndole poco todo sentimiento nacido de mí, y sin embargo yo voy hacia ella igual que hacia la muerte... sin poder evitarla. Y no tengo miedo de que me rompa. Por el contrario. Deseo que ella me tome como un trapo y me retuerza. Y entonces yo cantaré su gloria.
FANTASMA: ¡Cuánto la querés!
BALDER: Oh, sí, ¡la quiero tanto!... Y lo peor es que ella nunca se podrá dar cuenta de este gran amor. Y los que lo conozcan pasarán a mi lado y sonreirán burlonamente, y yo en nombre de este amor no sé las perversidades que cometeré.
FANTASMA: Se cumplirá tu destino.
BALDER: ¿Y cuando se cumpla?
FANTASMA: Entonces vendré a verte y conversaremos nuevamente.
BALDER: Ahora te siento superior a mí. Decime, ¿tendré que luchar mucho?
FANTASMA (con una voz que deja adivinar una sonrisa): ¡Oh!, sí, mucho...
BALDER: No importa, mi Fantasma querido. ¡Qué importa! Parezco débil, ¿no? Pero soy fuerte. Tengo adentro una fuerza misteriosa que todavía no se desató. ¡Qué me importa sufrir por Irene! ¡Oh!, si vos la conocieras. Si supieras qué linda es. ¡Y qué buena! Qué me importa sufrir. Me he entregado a ella ya. Y al mismo tiempo, ¿sabés, Fantasma?, siento ganas de burlarme de Irene. No es que esté loco, pero cuando pienso que va a conocer mi gran amor, y pretenderá dominarme, ¿qué digo?, ya ha empezado a dominarme y yo a dejar que se realice su voluntad. Mirá, cuando pienso que va a tiranizarme experimento tentaciones de decirle: Criatura, criatura querida, ¡qué débil que sos a mi lado! Si estás sobre la Tierra es porque yo lo permito.
FANTASMA: Chiquito... tené cuidado...
BALDER: Estoy dispuesto a todo... Mas cuando se cumpla mi destino, ¿la tendré a Irene?
FANTASMA: Es posible que ella entonces no te reconozca.
BALDER: Sí... todo es posible... pero andate... estoy cansado... es preferible no hablar.
Silencio. Balder es un cuerpo horizontal con los ojos desencajados en las tinieblas.
Elena llora calladamente bajo el embozo de las sábanas.

Extractado del diario del protagonista

Alberto desempeña una función importante, aunque involuntaria, en la construcción de mi desgracia.

Lo utilicé como instrumento en un período en que lo juzgaba equivocadamente. Cuando rectifiqué mi juicio era demasiado tarde para retroceder. En verdad, nunca hubiera abandonado a Irene de no mediar otros acontecimientos.

A veces, mientras escribo me detengo dolorido. Estos nombres, Alberto, Irene, Zulema me producen vértigo, son tenazas que me muerden en la noche, ligaduras de mi propia vida, sangre de amistad que el destino injertó en mis venas, para que más tarde yo me desangrara en su sufrimiento, que me roe despacio, semejante a un cáncer que un día revelará su estrago total.

¡Alberto!

Es el inmediato responsable de que le juzgara mal. Fue reservado precisamente en los momentos en que era indispensable un maximum de sinceridad, para poner limites a los tremendos desaciertos que yo preparaba para el futuro, con mi inconsciencia presente.

Yo me había separado de mi esposa. ¿A dónde ir en las horas muertas, como no ser a su casa? Me refugiaba allí como en un oasis. Luego rápidamente descubrí que el oasis era una fina película verde cubriendo un pantano profundo. Pista infernal y lisa, superficie asfaltada y sombría donde caminaban con parsimonia de fantoches serios Zulema y Alberto.

Éste, con sus lentes calzados sobre la nariz en caballete, casi ceremonioso y una mancha de color rosa en las mejillas, y su voz sibilante y melosa, me producía una impresión siniestra.

Yo lo miraba y me decía a veces:

—Este hombre se encuentra a un paso del crimen.

Otras en cambio, pensaba:

—Este hombre es un rufián.

Zulema, sin medias, calzando chinelas, envuelta en un quimono, flojos los labios, tornadiza la mirada, tomaba un espejo de mano y al tiempo que se depilaba las cejas, decía:

—¿Sabés que Rodolfo cambió cuatro trajes esta semana?

Rodolfo era un bailarín del Teatro Colón. De cada cuatro palabras que pronunciaba Zulema, podía anticiparse que la quinta terminaría con el nombre de Rodolfo.

—Así dice Rodolfo. Así piensa Rodolfo.

Alberto, ceremonioso, la observaba impasible a través de los cristales helados de sus anteojos. Una mancha rosa se extendía por sus mejillas hasta los pómulos. Yo terminaba por ruborizarme cuando este nombre se pronunciaba en mi presencia, como si fuera indirectamente cómplice de aquel desconocido llamado Rodolfo. Experimentaba hacia él una secreta aversión, llegó a serme odioso. En estas circunstancias no estimaba al mecánico. Pero amaba a Irene y no podía soportar que, la mujer que tanto quería, recibiera de su amiga las lecciones de infidelidad que, yo presumía lógicamente, tenían que existir. Y no se me ocurría pensar que mi posición respecto a Irene, era idéntica a la que respecto a Rodolfo ocupaba Zulema.

Como si no reparara en los efectos desastrosos que su conversación me producía, Zulema continuaba con el eterno tema de Rodolfo.

Se hablaba de unos pies bien formados. Saltaba ella:

—¡Ah!... ¡si ustedes vieran los pies de Rodolfo!

Alberto, siempre ecuánime, dejaba escapar palabras sibilantes:

—¿Cómo no va a tener los pies bien formados si es bailarín?

Según Zulema, las camisas de Rodolfo eran las más vistosas, sus perfumes los más escogidos; llegó al extremo de querer convencerme de que me peinara como Rodolfo, e incluso trató de persuadirlo a su esposo para que comprara unas detonantes corbatas «del estilo que usaba Rodolfo».

Alberto, defendiéndose, reponía:

—Pero vos comprendés que esos gustos de corbatas y de camisas son para un hombre joven, elegante, como es él... Yo soy un obrero. ¿No ves?

Zulema movía la cabeza, lo examinaba como si fuera un desconocido y reponía entornando los ojos:

—Cierto, viejito mío... no sos nada elegante. —Pero de pronto, comprendiendo que se había extralimitado, reponía:

—Sin embargo, ese Rodolfo debe ser un tipo repugnante. Se dice que es invertido... pero yo no lo creo. ¿Qué les parece a ustedes?

Zulema llegó a insistir con tal vehemencia que una noche nos convenció de que fuéramos al café frecuentado por el bailarín. No tuvimos la suerte de verle.

Convengamos que únicamente seres sumamente inmorales o transitoriamente imbecilizados pueden aceptar con naturalidad las inconsecuencias mutuas que nos sancionábamos con nuestra conducta.

Zulema era indudablemente una mujer sensual, sin escrúpulos ni principios morales de ningún linaje. Actuaba bajo la presión de un sufrimiento inclasificable. Una noche se puso a llorar en una confitería. El mozo nos miraba asombrado y tuvimos que salir. Alberto movía la cabeza con pena.

Otra vez, encontrándome en el palco de un cine con Irene y Alberto, Zulema lloró inagotablemente durante una hora. Su dolor se desprendía silenciosamente del pecho y los ojos, las lágrimas corrían en goterones gruesos por sus mejillas pálidas y parecía que ella encontraba un dulce consuelo en esa grieta abierta en su pena, que empapaba un pañuelo tras otro.

Alberto se mantenía amablemente sereno, enigmático, mientras que Irene, pasando una mano por el cuello de su amiga, murmuraba enternecida:

—¡Pobre Zulema, pobre Zulema!

Frente a mis ojos, el vacío. O esta pregunta:

—¿Cuándo estallará Alberto?

No me daba cuenta que el mecánico trataba de evitar el naufragio con su aparente tranquilidad.

Yo, en cambio, cuando el futuro se presentaba borrascoso ante mis ojos, me decía:

—Vivamos el hoy... nunca podré saber nada. ¡Para qué pensar! Y los días transcurrían.

Y si Irene era un enemigo en cierto modo para mí, Zulema me desconcertaba aún más. Se desplazaba de los estados morales más opuestos con una rapidez vertiginosa. A veces me preguntaba:

—¿Qué le parece si engañara a Alberto?

—Engáñelo.

—¡Cómo! Usted es su amigo y me aconseja que lo engañe.

—Porque yo estoy seguro de dos cosas: primero, que usted ya lo ha engañado y, segundo, que a él le importa muy poco que lo engañen; si no no permitiría que usted se pasara todo el día sola en el centro.

Otras veces me decía:

—Alberto me da una lástima enorme, Balder. No podría engañarlo nunca. ¡Es tan bueno! ¡Tan confiado! Y créame, a veces, siento unas tentaciones extraordinarias de ponerle cuernos.

Yo la miraba al fondo de los ojos.

—Zulema, juguemos limpio... Usted ya lo engaña a Alberto.

—No, le juro que no.

—Zulema, está escrito: «No jurarás en vano».

—Balder, por lo que más quiero sobre la tierra, le juro que no lo engaño.

Yo sonreía y ella se ofendía durante un cuarto de hora, ¿qué podía pensar yo?

No sabía. Por momentos admitía de buena fe que el único culpable de un adulterio, si el adulterio existía, era el mecánico; en otros momentos se me ocurría que el engañado era Alberto y nosotros víctimas de un juego que Irene y Zulema conocían, y lo que yo había rechazado hacía una hora, lo aceptaba nuevamente, pasando por los estados mentales más contradictorios que puedan imaginarse.

La jovencita me preocupaba inmensamente. Sus explicaciones no podían satisfacerme. ¿Cómo su moral le permitía intimar tan profundamente con personas que ostensiblemente vivían un arduo episodio inmoral y desde hacía mucho tiempo? La terrible lógica, que no engaña jamás al enamorado sincero, me decía que Irene no era ajena por completo a la misteriosa tempestad que se incubaba. ¿O yo allí era el único engañado?

Cuanto más cavilaba, menos podía desentrañar la verdad entre aquel cúmulo de apariencias, simultáneamente densas y livianas, de manera que al pasar por las yemas de mis dedos se deshacían como espuma de agua.

¿Irene era una mujer idéntica a Zulema? ¿Alberto permitía que lo engañaran? ¿Éramos sinceros todos, o yo había caído simplemente entre las redes de una comandita de hipócritas?

En aquella época pasaba horas y horas en la oscuridad de la noche, tejiendo y destejiendo hipótesis. La única persona que podía facilitarme la clave de los enigmas planteados era Irene, y ella se recusaba terminantemente a decir la verdad. «No sabía nada, absolutamente nada».

Buscando un camino distinto traté de insinuarle al mecánico, mis sospechas: «Su esposa lo engaña»; mas cuando intenté sincerarme, pidiéndole que él a su vez definiera la posición moral en que se encontraba respecto a Zulema e Irene, Alberto con una sutileza sibilante soslayó la conversación. Entonces me refugié en mí mismo diciéndome:

—He entrado al camino tenebroso. Antes, este camino era una frase, ahora es una realidad. Posiblemente Elena tenga razón. Pero no importa. Seguiré el juego y cuando esté cansado, abandonaré. ¿Para qué preocuparse? Ellos exigen de mí una conducta socialmente moral, mientras que a su vez la infringen a todas horas. La táctica más adecuada es utilizarlos. Cuando no me sirvan los tiraré.

La obsesión

Rincones de muralla de ladrillo sin revocar, encalados. Telones esquinados. Ring bloqueado de tres sogas. Bancos rojos. Cabezas ensombreadas, bocas torcidas rechupando cigarros. Nubes de humo ascienden sus lentos cortinajes hacia las nueve mil bujías centelleantes sobre la ensangrentada lona del ring.

Balder se acomoda entre una hilera de hombres que ocupan los bancos en la tercera fila del ringside. Y mientras le alcanza la propina al acomodador, piensa:

«Tiene que haberme visto... no es posible que no me haya visto».

Los segundos (pantalón blanco, camisa blanca) depositan baldes de cinc en los rincones del ring. Instantáneamente se derrama en el aire una tufonada de aguarrás y ácido fénico.

Un hombre de traje gris y clavel en el ojal de la solapa, sube al cuadrado.

«La madre me ha visto cuando yo...».

El hombre del clavel en la solapa lleva el megáfono a los labios:

—Categoría medio pesado.
—... de La Plata...
—... referí...

Dos pugilistas semidesnudos, maxilares azulados, cabezas rapadas, los brazos casi flacos, rematados en bolas negras, se saludan sonriendo, asegurándose sobre los hombros las deshilachadas robes de chambre que apenas cubren sus pantorrillas. Un hombre les habla paternalmente al oído y ellos asintiendo mueven las cabezas.

«¿Cómo no me va a haber visto la madre?».

Una vocecita grita desde el fondo de una fila:

—Segundos afuera. —Suena el gong. La bola de un guante se aparta de un rostro, y el rostro queda teñido de color de rosa. Balder se remueve impaciente en su asiento:

«La madre tiene que haberme visto cuando me separé del vagón».

—Breck...

Un hombre habla solo tras de Balder:

—Al corazón, Arturo... al corazón... así, Arturo.

Balder salta impaciente codo con codo con otros espectadores. En el ring, un hombre afaena a otro descargándole terribles golpes al estómago.

Voces inmensas gritan desde todos los ángulos:

—¡Ahora, La Plata! ¡Ahora que lo tenés!

Balder cae en su banco vencido por la emoción que se renueva: «La madre me ha visto... pero yo, ¿por qué no me fui un momento antes? ¿Por qué no me fui? Un solo minuto era».

El mismo espectador gruñe tras de Balder consigo mismo:

—Apercap, Arturo, apercap...

Suena el gong. Los boxeadores se apartan.

Los segundos, inclinados sobre sus pupilos en cada rincón, les masajean las piernas. Banderillean las toallas. Los pugilistas aspiran vehementemente aire.

La misma vocecita aguda:

—Segundos afuera.

Suena el gong.

Brazos flacos rematados en bolas negras. Maxilares azulados. Balder gira la cabeza. Sobre los rincones de muralla blanca, manchas de carne, cabezotas con ojos extáticos, bocas retorcidas rechupando cigarros. Un pugilista sonríe. Otro escupe sangre. Los golpes resuenan en los pechos como martillazos de goma. Un rayo negro cruza el aire, una cabeza se desvía un centímetro y el golpe pasa...

Balder piensa:

«¿Por qué no me habré ido un minuto antes?; era un minuto, nada más que un minuto y todo se hubiera evitado».

—Apercap, Arturo... no te apurés...

Un hombre se dobla sobre sus rodillas. Se ve el puño del boxeador del pantalón verde retirarse del mentón del hombre de pantalón negro. Una cara chata y lívida ondula en el aire.

«Un minuto antes que me hubiera ido y no pasa nada. ¿Y ahora Irene cómo estará?».

Una cara se pega a la otra y el rostro lívido sonríe con suficiencia. Un brazo en gancho sobre una cintura. La bola negra golpea sobre los riñones.

—¡Eeeeehhh!, ¡eeehhhh, tramposo!, ¡golpe prohibido! ¡Eh!... El referee amonesta al hombre de pantalón verde.

Gong.

«¡Si me hubiera ido un minuto antes! ¿Es posible que sea tan estúpido? ¿Y ahora la pobre Irene? ¡Qué violeta se ha puesto ese ojo!».

Las toallas sesgan el semblante y tórax de los boxeadores. Una mano coloca compresas de agua sobre el ojo violeta del hombre del pantalón verde. Su pecho estalla inflándose con viento que luego escapa sibilante por la nariz, mientras aprieta los labios, incorporándose en el banquillo de su ángulo.

Balder gira la cabeza.

Mandíbulas que mastican caucho. Sombreros empinados sobre las frentes. En primera fila del ringside, los prohombres de la ciudad. Dibujantes, escritores, deportistas, políticos, periodistas... Una neblina de humo oscila su lenta cortina, bajo las nueve mil bujías centelleantes sobre la ensangrentada lona del ring.

—Segundos afuera.

Suena el gong.

Cuatro brazos entrecruzados que se martillean el rostro. Instintivamente Balder se echa hacia atrás. Ha visto llegar el golpe que tiene que derribar al de pantalón verde. El otro se inclina suavemente como una bailarina, dejándose caer de un salto sobre las sogas. Hombre de caucho se hamaca en la punta de los pies y La Plata aguarda y dibuja en el aire un amago de duda con la finta de sus puños.

El rezongón solitario continúa:

—Cambiá la guardia, Arturo. Al estómago, que es flojo…

Balder no termina de comprender cuál de los dos es Arturo. «Porque si yo me hubiera ido un minuto antes, no ocurriría esto. Y ahora no la veré más».

—Breck.

Las voces de la multitud aúllan ahora:

—¡Seguilo, La Plata, que lo tenés! ¡Oh!, ¡eh!… (son gritos de éxtasis doloroso). ¡La Plataaaa! ¡Arturo! ¡De distancia, Arturo! ¡La Plataaaa! ¡Plataaaaa!

La multitud se ha puesto de pie.

El hombre del ojo violeta yace de rodillas en el ring. El referee, alargando el brazo, detiene un dedo amenazador en cada cifra estentórea:

—5… 6… 7… (la multitud arroja grandes gritos de sufrimiento gozoso), 8… 9…

El hombre arrodillado se incorpora y, apoyando los codos en el estómago, se cubre el rostro con las bolas negras y rojas de sus puños.

«La madre me ha visto. No es posible que no me haya visto. ¡Claro que me ha visto!».

El aire se carga de una tufonada de aguarrás y ácido fénico. Las toallas flamean en los rincones. Piernas en los aires entre las palmas de las manos que las friccionan.

Un ojo de Arturo está completamente cerrado.

Balder lo mira. La cara lívida, que ondula sonriendo con suficiencia en los cuerpo a cuerpo, tiene un solo ojo abierto. El otro es una dura nuez violeta. La boca hendida filtra sangre.

La vocecita fina lanza desde un rincón invisible:

—Segundos afuera.

Gong.

—Boxeálo de distancia, Arturo.

—¡La Plataaa!…

El espectador solitario, continúa tras de Balder.

—Así, Arturo… siempre a la distancia…

«¡Cómo no me va a haber visto! ¿Qué le habrá dicho la pobrecita? ¡Si cuando me volví estaba a cinco pasos de distancia!». Chasquido seco de dos puños que se calzan de contragolpe en las mandíbulas.

—¡Así, La Plata! ¡Así, Arturo!

Los hombres se machacan el rostro con vueltas de brazos, cargando el cuerpo sobre las piernas arqueadas. Uno dos, uno dos. Uno dos.

—Breck. Breck.

Los rostros de los boxeadores se han convertido en tortas rojas. En una, el relieve de la nuez violeta crece despacio. Los brazos hinchados trabajan como bielas de acero amarillo.

«La madre me ha visto. Tiene que haberme visto. También yo, ¿por qué me quedé?».

—Así a la distancia, Arturo. Boxéalo. No te apurés.

«Es el minuto fatal. Sería tan imposible borrarlo como hacer desaparecer el sol del universo. Un minuto... nada más».

Gong.

«Tenía que ocurrir. ¿Qué haré si no la deja venir más al centro? Que Alberto vaya y le hable. ¿Alberto se prestará? O Zulema. ¡Sí, Zulema es tan buena! ¡Cómo no va a querer Zulema! Zulema es buena. ¿Por qué habré pensado mal de ella? Sí, es buena, Zulema. He sido injusto. ¿No tiene derecho al amor? ¿Este imbécil de Alberto? ¿Y si Zulema se niega? Es capaz esa perra. Alberto es noble. Cuando vea mi sufrimiento, me va a ayudar. ¿Me habrá visto la madre? ¡Qué estúpido soy! ¿Cómo no me va a haber visto?».

Gong.

—¡Oh!... ¡ah!... ¡oh!... ¡eh!... ¡Arturo! ¡Arturo!

Balder, electrizado, se pone de pie. El hombre del ojo violeta descarga tremendos martillazos sobre una torta roja. El de pantalón negro se dobla sobre las sogas. El hombre de un solo ojo machaca con su bola negra una, dos, cinco, diez veces un aplastado rostro más carneado que un bistec. ¡Oh!... ¡ah!... ¡ah!... ¡ah!... ¡Arturo!... ¡oh!... ¡eh!... La multitud brama angustiada y gozosa en una distancia de ensueño. El cíclope sigue machacando, como sobre un yunque, en la torta escarlata y aquella cabeza, a cada golpe, oscila sobre su base vertebral siguiendo el compás de los mazazos de izquierda y derecha, de izquierda y derecha.

La Plata cae boca abajo en la lona.

El de pantalón verde, chorreando sangre como un matarife, se detiene a dos pasos del caído. Su única pupila brilla como una brasa. El juez, alargando el brazo, detiene el dedo amenazador en cada cifra estentórea:

—... 5... 6...

El caído intenta incorporarse sobre sus rodillas.

—7... 8...

Cae definitivamente y su cara torcida sobre la lona muestra entre dos hendiduras rojas el blanco de los ojos.

—... 9... 10...

El hombre de un solo ojo, ensangrentado de pies a cabeza, danza dando saltos en el ring. La noche del estadio se ha cubierto de un tableteo de aplausos, silbidos, golpes de pies en el pavimento. El hombre que hablaba solitario de un salto sube al ring y abrazando al del pantalón verde lo besa en las dos mejillas. Los segundos recogen al caído.

Balder se levanta y arrastrado por la multitud que sale, piensa:

«Esta pelea ha sido maravillosa... pero no queda duda... la madre me ha visto... Es matemáticamente imposible que no me haya visto... ¡Oh!, si Alberto no me ayuda. Pero sí. ¿Cómo no me va a ayudar?».

La última pieza que faltaba al mecanismo

Balder conoce el camino de su tristeza.

Entra a un portal negro que está junto a un café encristalado, camina diez pasos por un corredor oscuro, se detiene ante un rectángulo alambrado, pintado de negro, y aprieta el botón llamador. Entre crujidos de cables desciende el ascensor y Balder sube; la máquina para entre alarmantes crujidos; camina dos pasos y llama al timbre de una puerta con vidrios opacos. A veces demoran en abrir, otras asoma allí una criatura con las greñas aplastadas en la frente paliducha. Balder pregunta: «¿está Alberto?», la chica dice «pase» y él entra.

Cruza un vestíbulo con sillones de mimbre, sigue a lo largo de un corredor blindado por una mampara metálica y, en una puerta con cortinillas azules, Balder golpea en los vidrios con los nudillos de los dedos. La voz de Zulema o de Alberto le contesta:

—Adelante, Balder.
Balder saluda, sonriendo levemente al mecánico. Alberto ha terminado de almorzar. Solitario, amasa con la yema de los dedos bolitas de miga de pan sobre la mesa. El mecánico, levantando la cabeza, le estrecha la mano, una chispa de cordialidad rebrilla en el fondo de sus ojos de párpados inflamados. Balder en vez de ocupar una silla se sienta en la orilla de la cama.
—¿Zulema, vio a Irene?
—No... creo que la iba a ver hoy...
Instantáneamente se borra la sonrisa de Balder. Se siente hostil al mecánico por aquella pulgada cúbica de sufrimiento que acaba de inyectarle y que le endurece hasta las líneas del rostro.
Alberto lo mira con curiosidad burlona a través de los anteojos calzados en el caballete de la nariz. Balder trata de disimular su angustia fabricando una sonrisa con el mismo esfuerzo que si tuviera que cargar un peso inmenso. Es inútil... el mecanismo de su sonrisa se ha paralizado y temblorosa asoma a sus labios una mueca falsa. Súbitamente su rostro adquiere la expresión tímida y triste de un perro hambriento que mira a su amo. Si Alberto le dijera: «A cambio del auxilio que le presto, usted tiene que ayudarme a robar», Estanislao bailando de alegría acompañaría al mecánico. Pero éste jamás le pedirá nada. Absolutamente nada. En cambio, sí dice:
—Hay que levantar ese ánimo, hombre.
Balder mueve la cabeza pensando: «Es inútil, tengo que congraciarme el favor de este hombre meloso y frío. Me vería morir y no me alcanzaría un vaso de agua».
Alberto sigue amasando bolitas de pan entre una botella roja y el sifón azul. Una arruga vertical le corta la frente. Balder suspira.
—Hace cuatro días que no veo a la piba. Cuatro días. Apenas si puedo comer.
El mecánico levanta y baja rápidamente los párpados. Posiblemente comprende, y su mirada, a través de los cristales de sus anteojos, se anima con el fulgor burlón de quien conoce un secreto satisfactorio.
Balder se abandona a la inmensa tristeza que lo aplasta en esa cama ajena de colcha celeste y almohadones carmesíes. Fija los ojos en el mantel migajiento, luego en la botella de vino y el sifón azul. Contra el ángulo derecho

de aquel ropero de tres cuerpos estrechó una vez a Irene en un beso que era interminable. En el ángulo opuesto adonde se recuesta, Irene estuvo con la cabeza apoyada en su regazo tendiéndole los labios en una sed de caricias que se amontonaban y repetían en el súbito pudor de llegar a lo definitivo. Balder no puede contener la maravillosa congoja que le remuerde la sensibilidad: algunas lágrimas corren por sus mejillas y mojan su mentón con barba de tres días. Trata de sonreír a través de la humedad de su rostro, porque el mecánico lo mira y también le sonríe. Entonces, dejando escapar su pena, Balder gira sobre sí mismo, apoya el rostro en la colcha azul y apretándose la boca con la tela solloza convulsivamente.

Está solo en el mundo, se siente más débil que una criatura para afrontar el vacío de sus días y de sus noches. El remordimiento que experimenta por haberse apartado de su esposa se suma al consuelo que no tiene y necesita de Irene. Él quisiera ser una fiera y no es nada más que un infeliz con la sensibilidad a flor de piel. Y frente al mecánico puede llorar. ¿Qué es más que él Alberto?

De pronto alguien le golpea en la espalda. Alberto se sienta a su lado y le dice:

—Balder... esté tranquilo... Se va a arreglar todo... Tenga confianza... le prometo yo que se arreglará todo.

Un rayo de júbilo corta transversalmente a Balder. De un salto se sienta en la cama. Se ríe, ha entrado en una incoherencia al revés. Podría renunciar a Irene en este instante, matar a su esposa, mendigar por las calles. Es infinitamente feliz. Necesita que alguien lo sepa. Y le dice al mecánico, no viendo en el mecánico sino a Irene, porque Alberto e Irene, en la felicidad que le proporcionan, se entremezclan tan íntimamente que el mecánico es Irene para él. Una Irene con lentes calzados en la nariz de caballete:

—¡Oh!, si supiera cuánto la quiero a esa criatura. Yo no sé lo que me ha hecho. Si me ha embrujado. No sé nada, Alberto. Lo único que puedo decirle es que me ha enloquecido. Sí, me ha enloquecido. Y el presentimiento me lo decía. Yo sabía que iba a ocurrir todo esto.

Lo toma de un brazo a Alberto, se interrumpe, luego lo suelta, camina por el cuarto, los suspiros escapan desde las más arduas profundidades de sus pulmones.

—Sabía que iba a ocurrir todo esto y vea si soy valiente... he venido al encuentro de mi sufrimiento. ¿Se da cuenta usted? ¡Yo, un hombre casado!, experimentar semejante amor. ¿Dígame si no es prodigioso? A momentos me parece que una luz ha entrado en mi vida, atraviesa mi carne... Siento necesidad de caminar con delicadeza para no romperme. Me parece que, en el primer movimiento en falso que haga, me haré pedazos. Dígame, Alberto... ¿qué piensa usted de todo esto? Hable, por favor.

Los ojos del mecánico, nuevamente sentado a la mesa, buscan con ironía investigadora el semblante de Balder. Los vidrios de sus anteojos enfrían más su mirada observadora, y las palabras escapan casi sibilantes de entre sus labios finos:

—¿Qué quiere que le diga, Balder? Usted está enamorado... Muy enamorado. De eso no queda duda.

Balder experimenta la sensación de que lo están golpeando. ¿Por qué ese hombre que lo ve sufrir, habla con parsimonia fría? ¿Es así como se habla entre hombres? «Alberto no tiene corazón, sino cerebro», recuerda que le ha dicho Zulema. Y repentinamente experimenta odio hacia el mecánico, porque ha sido testigo de su debilidad. Y sin poderse contener exclama casi irónicamente:

—¡Ah!... Todos ustedes son personas muy razonables.

Amasando miga de pan, nuevamente el mecánico ha inclinado la cabeza. De pronto sonríe, echa la mano al bolsillo y saca un sobre. Mira a Balder y dice:

—Tome... lo manda Irene.

—¡Oh!, ¡oh!...

«Chiquito querido... (lee rápidamente)... cuando estuviste con Alberto le dijiste que me pidiera que no dejara de escribirte siempre y que me querías. Que te escribiera no necesitabas pedírmelo, porque lo hago todas las veces que puedo... ¿Por qué no has roto con esa mujer que vos no querés ni ella a vos?... ¿Por qué los dos han firmado ese contrato?... Realmente a veces me parece que el Balder a quien escribo es bien distinto al que yo conocí y quiero tanto. Vos tenés dos personalidades... una la que se muestra cuando estás junto a mí; entonces sos bueno... sencillo... cariñoso; otra cuando estás lejos. Entonces parece que te convirtieras...».

Balder lee rápidamente. Conjetura: «... sí, tiene razón, soy un hipócrita». «Pienso en vos», «piensa en mí, entonces es cierto, piensa en mí como yo pienso en ella». «Estudio mucho en el piano». «Sí, condiciones para ser concertista no le faltan». «Tené esperanzas que todo se arreglará». «¡Oh!, tiene que ser así... de otro modo no sé lo que pasaría».

Las emociones de Balder se estancan a medida que pasan los minutos. La realidad del ropero enchapado en cuyo ángulo estrechó en un beso interminable a Irene, penetra en su sensibilidad. La doble personalidad a que se refiere Irene está en acción. Se dice:

—Lo esencial es no perderla. Lo demás, veremos...

La puerta se abre bruscamente y enmarcada en un fondo de luz lechosa, rebrillantes de plata los perfiles de su tapado de seda negra, aparece Zulema con su baja estatura y con sus rizos, que le enmarcan las mejillas bajo la ancha ala de su sombrero negro. Alberto levanta la cabeza, ella avanza sonriendo con el ritmo de los pasos de sus piernas cortas. Sus labios pintados, sus párpados movedizos en amago teatral de sorpresa e ingenuidad, sus mejillas sonrosadas, todo produce la impresión de que ella acaba de surgir vestida de un lecho sumamente caliente. Besa a su esposo en la boca y simultáneamente mira a Balder, a la mesa cargada de migajas de pan y exclama:

—¡Ay!... ¡Ay! ¡Qué trabajo me dio convencerla a la señora de Loayza!

Balder salta de la cama azul:

—¿La vio a la señora?...

—¿Dónde comiste, querida?...

—¡Uff, estoy sofocada... por favor, un momentito... qué hombres éstos!... ¿Qué tal la comida?... ¡Ah... estos líos de hombres! Habría que matarlo a usted, Balder. Nos está volviendo locos a todos con su amor. Véanle la cara. Ha estado llorando. Qué bueno... mejor... mejor. Es necesario que ustedes los hombres lloren alguna vez. Así se dan cuenta de lo que nos hacen sufrir a nosotras las pobrecitas mujeres... ¡Uff, qué calor! Un momento que me saco el sombrero.

Con lento movimiento se quita el sombrero, se detiene frente al espejo, sacude la cabeza para despegar la melena, punza con sus dedos livianamente entre sus matas de cabello y, pasándole un brazo por el cuello al mecánico, que continúa sentado, exclama:

147

—Comiste solito... —Le estampa un beso en la mejilla. Su atención, que no permanece estable sobre un mismo punto durante más de un minuto, se dirige a Balder.

—¡Qué trabajo me da usted, Estanislao! Es para matarlo. No me mire así... Es para matarlo. No tiene con qué pagarme.

Balder mira a Zulema con alegría agradecida. Tiene conciencia que ella vibra en la generosidad de una buena noticia. Y Zulema, aunque retarda su «sorpresa», lo envuelve en la luz amistosa de una sonrisa traviesa. Sin poder contenerse, exclama:

—Pero esto es el colmo... un hombre casado... es para matarlo. Yo no sé cómo se hace querer tanto. Los ha embrujado a todos usted, Balder; palabra de honor.

Escuchándola, el mecánico sonríe de tener junto a sí una tan hermosa mujer que no parece su esposa sino su amante, y Balder no puede explicarse la sensación que sigue, pero ahora le parece encontrarse en un camarín del Teatro Colón. ¿Es la perfumada senda de Zulema, sus ojos negros, sus labios lascivos, sus mejillas como encandecidas de besos? Y una pregunta surge en él: ¿Se podría condenar a esta mujer si lo engañara a su marido? Junto a la brillante vida del teatro, ésta que le ofrece el hombre oscuro de párpados inflamados y voz sibilante es horrenda. Y Alberto lo sabe y quizá por eso no protesta. Su taller para carga de acumuladores debe parecerle horrible a esta mujer acostumbrada a la luz, a los aplausos, a los mármoles y los terciopelos.

Zulema, apoyada de codos en la mesa, coge un pedacito de pan y otro de queso, mastica mostrando sus dientes brillantes y le cuenta al mecánico, como si Balder no existiera:

—¿Sabés que la señora Loayza sabe que Balder está casado?

—¿Lo sabe?... ¿Cómo?...

—¡Oh!, es vivísima esa señora. Fijate que cuando los sorprendió (ahora se dirige a Balder), fíjese que cuando lo sorprendió a usted conversando en el tren con Irene, salió por el lado contrario...

—Sí, es así...

—La nena le negó que usted hubiera estado allí conversando con ella... Pero usted, ¿a qué diablos se quedó parado casi frente a la ventanilla donde estaban ellas, dándole la espalda? La señora Loayza ha razonado: «Si ese hombre fuera un caballero, cuando yo me acerqué se hubiera quedado... en cambio se ha ido evitando hasta que le vean la cara. Eso me hace sospechar que es casado».

Un pensamiento cruza vertiginosamente por Balder:

«Si esa señora tiene las facultades deductivas tan desarrolladas para descubrir que un hombre que se pone de espaldas está casado, ¿cómo sus deducciones no le permiten descubrir que usted es una peligrosa amistad para su hija?». Pero en vez de decir lo que piensa repone:

—Inteligente, la señora...

—Además —prosigue Zulema—, me dio a entender que ha pedido informes respecto de usted y parece que gente que le conoce le ha dicho que es casado.

Balder mueve la cabeza asintiendo, que efectivamente él está casado. Además «esa gente que lo conoce», tan servicial en dar «informes», no pueden ser otros sino ellos.

Zulema se dirige al mecánico ahora:

—Está indignada la señora contra Irene. ¡Pobrecita!

—¿Qué dice Irene?...

—Yo no pude hablar con ella. En fin, Balder, usted me debe un servicio que no tiene con qué pagármelo... La señora Loayza consiente en recibirlo para hablar con ella.

Balder exalta artificialmente su alegría:

—Consiente...

—Usted no se imagina lo que me costó convencerla. Pero acepta de que vaya y la hable... Es muy posible que le permita conversar con Irene... Verla de vez en cuando...

Un embudo negro se forma en la conciencia de Balder. El remolino se ha producido. ¿Me dejaré tragar? ¿Sí o no? Rápido, conciencia, que aquí te vigilan cuatro ojos. ¿Sí o no?

Balder levanta la cabeza. Tropieza con el rostro del mecánico, cuyos ojos de párpados inflamados lo observan con curiosidad piadosa. Ahora Zulema, de pie frente al espejo, se arranca con una pinza algunas cejas... Pero lo mira por el cristal. Balder comprende que va a lanzar palabras definitivas. Se pone

de pie, perpendicular a la cama de colcha azul, su cuerpo de setenta kilos permanece tenso en una posición de salto. Zulema se vuelve bruscamente y dice:

—¿Por qué no se afeita, Balder? Está feo. Y usted ha llorado. ¡Ah, el amor!... El amor. ¿Sabe, Balder... sabés, che, Alberto, que por Rodolfo se pelearon anoche en el camarín de Julieta dos bailarinas? Hasta Dora del Grande anda loca por el tipejo. ¿Te das cuenta?

Balder se sumerge en su problema. ¿A qué cavilar? Ya está resuelto. Pase lo que pasare, irá. Despacio pronuncia su decisión:

—Zulema... Alberto... Ustedes son muy buenos. Usted va ahora a El Tigre, ¿no? Bueno, hágame el favor, véa a la señora Loayza y dígale que tenga la bondad de recibirme mañana a las cuatro...

Zulema interviene, precipitadamente:

—Mañana estaré yo también, ¿sabe, Balder?... Así es menos dificultosa su posición.

—Sí, es mejor, Zulema.

Ésta se encamina hacia él sonriendo, y le estrecha la mano. Su cuerpo perfumado lanza vaharadas de fragancia. Exclama:

—Así me gusta, Balder. Hay que ser hombre. Un hombre debe ligarse entero por su amor.

El mecánico, junto al perchero, descuelga su saco. Enfunda los brazos en las mangas, coge el hongo, se lo pone, Zulema se acerca a él y le arregla el nudo de la corbata.

—Qué feo estás, mi viejito... ¡qué feo!

Balder mira y pregunta:

—¿La va a ir a ver usted a la señora Loayza?

—Sí, Balder... cómo no...

Zulema mira precipitadamente su reloj.

—Alberto... las tres... el ensayo. Salgamos, ¡qué cosa bárbara! Estos hombres le hacen perder la cabeza a una. Habría que matarlos a todos.

Balder, por el pasillo donde caminan en fila india, insiste:

—Alberto... por favor no se olvide de verla a la señora...

Alberto se vuelve sonriendo, las mejillas sonrosadas hasta los pómulos:

—No... pierda cuidado... ¿Quiere que le diga algo a Irene si la veo?

—Sí... dígale que la quiero mucho y que iré mañana a las cuatro. ¡Ah!, y tome esta carta que le escribí anoche.

Capítulo IV. El ritual del embrujo
La mancha blanca tiembla en el piso encerado. Balder retrocede y lanza una carcajada.

Ocurre que al finalizar el espasmo erótico, ha visto sobre el perfil de la caja negra del piano, los tres cuartos de rostro del retrato del teniente coronel. Irene lo mira asombrada. Involuntariamente Balder imaginó al padre de la jovencita, uniformado de gala,

pronunciando un discurso en una fiesta patria. Hablaba como hablan todos los tenientes coroneles: «de la sagrada familia argentina». Dicha visión ha sido seguida simultáneamente por una pregunta irrisoria: «¿Qué diría la señora Loayza si entrara a la sala y viera los coágulos blancos, en el sitio donde ellos aún permanecen?».

Irene desconcertada observa a Balder como si éste tuviera alteradas las facultades mentales, y Estanislao sigue riéndose con tan gruesas carcajadas que hasta la madre debe escucharlas en la cocina. Entonces la jovencita retrocede huraña y le pregunta:

—¿Qué te pasa, Balder?

—Me río de todo lo grotesco e inmoral que hay en nuestros subterfugios sensuales... Perdoná..., pensé en la fingida indignación de tu mamá, si ahora entrara.

Irene se mueve abstraída. Estanislao le alcanza su pañuelo y ella, retraída, se enjuga la mano. Balder, inclinado, corre un almohadón rojo sobre la mancha. La jovencita se arrincona en el sofá. Estanislao recostándose, apoya la cabeza en su regazo. Durante un segundo Irene lo examina pensativa; después, al tiempo de entrelazar las manos en torno de las mejillas del hombre, inclinando el rostro hacia él, le pregunta:

—¿Por qué sos así, querido? ¿No te das cuenta que me lastimás?

El remordimiento de haber ofendido injustamente a la criatura, sonroja a Balder. Comprende que debe explicarse, y sentándose, habla con esa su sinceridad conmovida que Irene tan bien conoce:

—Te ruego que seas sincera con vos misma. ¿Te parece moral que nosotros, queriéndonos como nos queremos, nos veamos obligados a recurrir a estas desviaciones por un capricho estúpido de tu mamá, que no puede ignorar lo que en esta sala ocurre? ¿No sería mucho más decente que nos

viéramos afuera y vos te entregaras, como es natural que una mujer se entregue al hombre que quiere?
—Tené paciencia, querido. Yo quiero entregarme a vos. Lo deseo. Creéme. Ése será para mí el día más lindo de mi vida.

Mientras Irene habla, Balder examina su pollera azul tableteada en ancho plisado, su suéter rojo, la pálida curva de su rostro, de cuya ardiente mejilla ella a veces aparta con gesto nervioso un rizo corrido. Y piensa:

«¿Y ésta es la misma criatura que antes únicamente podía ver en la calle? ¿La misma que ahora me tiene en su casa? ¡Qué prodigios encierra la vida!».

—Piba, te creo; pero hacéme el favor de aceptar que esta paciencia está repleta de inmoralidad. Quiero ser fuerte y me reprocho mi debilidad. A tu lado no quisiera ceder a mi deseo. ¿Pero cómo no criar deseo estando horas y horas juntos, casi solos, y al lado de la mujer que se quiere? No te disgustes, por favor, piba... pero creéme, esto que hemos hecho es profundamente inmoral. No poseerse.

Irene lo escucha atenta.

En silencio, absorbe sus palabras. Una triple arruga en el ceño y los arcos de las cejas ligeramente oblicuados. La luminosidad de sus pupilas inmóviles filtra la veracidad que contienen los conceptos del hombre. Balder le acaricia el plano de las mejillas ardorosas, las crenchas negras que enmarcan su frente y sus sienes, y prosigue:

—Bien sabés que quisiera que lo nuestro fuera algo puro y limpio. Y son precisamente estas desviaciones las que ensucian el amor.

Irene le pasa una mano por la frente:

—Chiquito querido...

—Y pienso, para disculparte a vos y a mí, que esto ocurre en el noventa y cinco por ciento de las salas de la ciudad donde hay dos novios. La madre en otra parte de la casa, sabiendo lo que ocurre y fingiendo ignorarlo... ellos... o nosotros aquí... refugiándonos en disculpas y falsedades...

—¿Estás disgustado conmigo, chiquito?

—No, piba. ¿Cómo me voy a disgustar con vos? Sos una ruedita del mecanismo... nada más. ¿Qué podés hacer? ¡Oh!, todo esto... Antes éramos libres... salíamos... nos veíamos en cualquier parte. Ahora en nombre de la moral... porque la moral de la ciudad es la moral de tu madre, no debemos salir solos... pero sí en cambio estamos autorizados a hacer todo lo que es posible dentro de la sala...

—Tené paciencia, querido...

—Sí... la tengo... y quiero tenerla por vos. Me sos muy querida, piba.

Una sonrisa enrojece el pálido rostro de la criatura:

—¿De veras que me querés?

—Te quiero mucho... mucho...

—¡Recostate en mí! ¡Me gusta tanto tenerte así!

Balder nuevamente se apoya en ella. Irene entrelaza las manos sobre sus mejillas, luego inclina la cara sobre él, y bebe lentamente un beso en sus labios al tiempo que lo aprieta contra sus senos.

Los escrúpulos de Balder se desvanecen. De su corazón se desprenden magnitudes de agradecimiento hacia la jovencita que así, sencillamente, lo acoraza con su potencia. De pronto una punzonada dolorosa le atraviesa el alma con su puñal de algodón, y Balder cierra los ojos. Silenciosamente sobrecogido, acoge una duda que hace mucho tiempo germina en él:

«Yo no soy el amor de Irene... Soy el objeto con el cual ella satisface sus deseos. ¿De dónde si no ha extraído esta técnica para proporcionar placer? Nada en ella revela sorpresa, parece que lo supiera todo. Y si lo sabe todo, ¿quién se lo ha enseñado?».

Un escalofrío sacude el cuerpo de Balder...

—¿Qué tenés, chiquito?

—No sé... estoy triste...

Ella lo aprieta aún más contra sí. Estanislao entra en una zona de sombra tibia, noche de una ceguera. Allí existe el guía seguro que lo transportará siempre, protegiéndolo con la ternura de su pecho... Él no se mueve... se deja estar. Un aliento tibio se aproxima a su oído e Irene le pregunta:

—¿Estás bien así, querido mío?

Balder mueve la cabeza asintiendo.

La tibia mano de Irene le acaricia las mejillas, el lóbulo de la oreja, las sienes. Balder se siente sofocado dentro de ese alto horno de voluptuosidad, en el cual cada tejido suyo recibe una caricia particular, un agasajo deliberado. Magnitudes de emoción se desprenden de su pecho. Gira trabajosamente la cabeza y entreabre los párpados:

Distingue dos ojos enormes que lo contemplan con devoción, un trozo de frente ligeramente amarillo, reticulado de infinitos poros, un mentón casi achatado. Aquel rostro irradia una temperatura tan ardiente que Balder levanta lentamente la mano y con la yema de los dedos le acaricia la mejilla.

—Mamita... mamita querida. ¡Qué buena que sos!

—Chiquito... —Y de pronto Irene habla. Lo hace despacio, pensativamente, como si ante sus ojos se extendiera una triste llanura y el ex hombre caído en ella necesitara un consuelo infinito:

—¡Si supieras, chiquito, cómo me gusta tenerte así! Me parecés una criatura grande, no sé... Mirá, el corazón se me llena de ternura, me figuro que sos mi hijo, mi padre, mi esposo, mi hermano... Sos todo en la vida para mí.

Balder se incorpora:

—Alma... hablá que te escucho.

—Cierto, Balder. No sé qué sería de mí si te perdiera... No podría vivir. Tendría que matarme o me volvería loca. Cada día te quiero más. No hago nada más que pensar en vos... el piano... la música... ¡qué me importa todo eso! Lo único que quiero es tenerte a vos... Quisiera estar lejos de aquí... lejos de «esa» mujer... tenerte para mí sola... vivir consagrada a vos.

—Querida...

—Nunca me imaginé poder querer tanto. Walter... Walter es una sombra en mi vida. Un episodio de chiquilina que conversa con un muchacho en la puerta de su casa. Después pidió permiso para entrar en casa... Un día no vino más... Eso es todo, Balder. No lo quería... y, sin embargo, me parecía estar enamorada. No sabía lo que era el amor.

Fugazmente piensa Balder:

«¿De él habrá aprendido la técnica del placer?».

—Vos en cambio trastornás mi vida... Sólo mamá se da cuenta de todo lo que te quiero. Y por eso ha permitido que vengas a casa. Sí, mamá se da cuenta. No sé lo que has hecho para que te quiera tanto. Sos noble y bueno en el fondo. Pero has vívido de un modo horrible junto a esa mujer y esto te ha echado a perder un poco... sos desconfiado... pensás cosas que no existen...

Balder, sorprendido de que ella adivine la ruta de sus pensamientos, repone:

—Cierto... tenés razón... perdoname...

—No tengo nada que perdonarte, querido mío. Lo único que te pido es que nunca pienses mal de mí. Soy buena y te quiero mucho. Vos no sabés todo lo buena que soy.

Irene habla tan convencida que, de pronto, Balder se siente sobrecogido de pena y respeto. Piensa:

«Su voz tiene la melancólica piedad de una mujer a quien se le ha muerto un hijo».

Irene prosigue desviando de su mejilla, con un movimiento nervioso, un rizo de cabello:

—A veces me reprochás que hable poco. No es que no piense, querido. Lo que pasa es que me he acostumbrado a ser así en esta casa. Víctor que dice pavadas, Simona que le contesta con otras más grandes. ¿Qué me quedaba por hacer? Me fui habituando a estar callada. El único que era mi camarada, Gustavo, está afuera... con él charlaba, salía... Después, me quedé sola...

Una ola de simpatía borbollea en Balder para el hermano ausente. Se lo imagina lejos, en los helados campos petrolíferos, en un bungalow de madera. A la distancia aúlla el mar en los roquedales y, al oeste, el viento brama entre montañas violentas. Y es posible que en este mismo instante, el ausente se pregunte:

«¿Qué harán mamá e Irene?».

Cada palabra de Irene repercute con dolorosa simpatía en el corazón de Balder. El remordimiento de haber pensado injustamente de ella, le hace decir:

—Querida, disculpame. Te quiero mucho, creélo. Si no te quisiera no estaría aquí.

—Sí, Balder. Mirá, cuando vos hablás y yo callo, no es porque no quiera contestarte, sino porque no hay nada que me guste tanto como oírte conversar. Todo lo que decís, lo pensás, justo o injusto. Por eso te he perdonado muchas veces cosas que me han herido. Sos muy bueno en tu interior, chiquito... ¡muy bueno!

Balder siente que la emoción de un sollozo le sube hasta la garganta. La criatura emana cierta majestuosidad extraterrena. Sus palabras ahuyentan las dudas, éstas como pájaros negros desentumecen las alas y se alejan de su interior.

Es terriblemente feliz junto a la jovencita sencilla que, ahora inclinando el cuerpo hacia él, le besa las manos.

—¿Chiquita? ¿Qué hacés, criatura mía?

Irene lo mira sonriendo, húmedos los ojos de ternura. De pronto Balder repara en un cuaderno de música:

—¿Por qué no tocás La danza del fuego?

Hay tanta solicitud en el salto con que ella se precipita al piano que, cuando Irene se acomoda en el asiento y vuelve las hojas de la partitura, Estanislao se acerca. Ahora es él quien aprieta los labios contra sus manos:

—¡Querido!

—Criatura, no te dejaré nunca, nunca, pase lo que pasare.

Irene volviendo tres cuartos de perfil le agradece con una sonrisa golosa, rápidamente alarga el brazo apretándole el mentón entre los dedos, luego le señala el sofá y Balder se sienta, mientras ella arpegia.

Se produce un intervalo de silencio. La jovencita encoge ligeramente los hombros, inclinada sobre el teclado. De pronto sus codas se apartan del cuerpo y Estanislao recibe en su sensibilidad el sucesivo picoteo de una simétrica lluvia de fuego. Los asteriscos se clavan en un invisible pentagrama que lleva adentro, dispuesto inexplicablemente desde una eternidad para acoger la estructura caliente de esa composición que lo alela.

Entrecierra los ojos. Siente que su rostro se vuelve enjuto, como un limón junto a una hoguera.

Súbitamente se desmorona en un desierto de escamas azuladas. Cerros de rojo brasa cierran la distancia muerta en oscuridades de betún y amarillos de cardo. Una estrella fúlgida taladra el ciclo duro, más azul que un cristal de sulfato de cobre. Desde un paraje ignorado, una bruja bate un tinajón de bronce, algunos gitanos, perfil cetrino, mantas verdes, pasan hacia un cerro lila. Inesperadamente, en el fondo de una muralla, se abre un ventanuco y Balder ve asomar allí la cabeza desgreñada de una vieja. Estanislao «sabe» que esa furia impreca y llora porque su hijo al amanecer será desnucado con una corbata de hierro en el garrote vil.

Se abandona a la felicidad que le suscita la música, desdoblándose en un fantasma. Danza cautamente en la punta de sus pies. Una mujer en la que reconoce a Irene, se cubre el rostro con ambas manos.

Retorna a la realidad. Los dedos de la jovencita se deslizan oscilando con brusquedad delicada en la línea de marfil. Su pie afloja o retiene el pedal.

Balder admira la agilidad, el cabello escrupulosamente peinado redondeándole la cabeza, las crenchas divididas en el pálido triángulo de su nuca para caer sobre sus pechos, piensa en los propósitos de bondad que ella le inyecta en el alma con cada beso suyo y, voluntariamente, se sumerge en el oleaje melódico.

En los pianissimos descubre notas amarillas como solos de flauta morisca, luego los sonidos siguen el ritmo de acompasados borbotones de espasmo que afirma su paroxismo en una nota alta, arquitectura de placer rematada por un martillazo de fuego, y este martillazo se hace cada vez más frecuente, alcanza el furor de un campaneo; Balder piensa «qué potencia tienen sus manos» y la violencia del crescendo desmaya en un picotear de pájaro bermejo sobre un cristal muy fino. Ahora el lamento agazapado en la melodía claudica en súplica enternecida, mas de pronto en la distancia pastosa de betún y amarillos el frenesí triplica su ímpetu rojo, la sala parece llenarse de los séxtuplos martillazos a dos manos de una bruja en un caldero de cobre, y cuando Irene vuelve el rostro, sus mejillas encendidas y sus ojos brillantes parecen preguntar:

—¿Qué tal he estado?

Balder piensa: «A una principianta no debe elogiársela con exceso cuando tiene condiciones», y en vez de exteriorizar su entusiasmo, objeta casi injustamente:

—Está bien, piba, aunque yo he oído esa pieza ejecutada por Brailowsky en disco y produce la sensación que toca en el piano con las variaciones de una sola nota...

—Sí, eso que vos decís es ligar los sonidos. Yo carezco de técnica. Tengo que estudiar. Zulema conocía a un profesor... Parece que es muy bueno... Pero me olvidaba de una cosa, querido, Mamá me di...

De pronto una idea cruza por Balder. De pie ante Irene la mira a los ojos, levanta lentamente un brazo y apoya la mano en el hombro de la jovencita.

—Oíme, piba... me tengas o no me tengas, tenés que trabajar siempre en el piano, ¿sabés? Siempre. Tenés que triunfar, tenés que saborear los placeres del éxito, ¿sabés?

—Sí, querido...

—Cuando hayas gustado una vez el aplauso no podrás renunciar más... Pero hay que trabajar, ¿entendés?, trabajar mucho. Eso no te lo podrá quitar nadie sobre la tierra...

—Balder... Balder, qué hombre sos...

—¡Ah! ¿Qué me ibas a decir de tu mamá?

—Sabés... no quise decírtelo hasta ahora para darte una sorpresa. Mamá me dijo que te invitara a cenar.

—Encantado.

—Va a venir Alberto también...

Una alegría nueva brota de Balder.

La vida sonríe en torno de sus ojos. Mira con afecto el retrato del teniente coronel. «¿Por qué habrá muerto? ¿No sería hermoso que viviera? Estaría allí él también, conversaría de ingeniería militar». Irene se acerca nuevamente a él, se sienta en un rincón del sofá y entonces, Balder, apoyando la cabeza en su regazo cierra, los ojos, le parece que entra en una zona de sombra tibia, noche de una ceguera, donde existe un guía que lo transporta siempre en su pecho. Levantando la cabeza, la mira y dice:

—No podés imaginarte todo lo que te quiero, piba...

Irene sonríe y se deja estar. Balder no desea nada. El pecho la jovencita es su nirvana.

—¿Un poquito más de sopa, Balder...?

—Sí, señora, que está riquísima.

La fuente humea en la mesa cubierta de mantel blanco, y la señora Loayza, envuelta en su pañoleta violeta, ligeramente sonrojada, peinada para atrás la blanca melena, hunde el cucharón en la sopera. Balder alarga el plato e Irene, a su lado, tomándolo del brazo, dice al tiempo de ofrecerle un plato con un bloque amarillo:

—¿No querés ponerle manteca, chiquito?

—No, querida... no, gracias.

Los cinco rostros atentos en la expectativa de la comida, los cinco bustos, la señora Loayza de violeta, Simona de rosa, Víctor de azul, Alberto de gris, Irene de rojo, perpendiculares a la blancura del mantel, frente a los platos que humean una nubecilla aromática, adentran en Balder una sinfonía de cordialidad humana. La señora Loayza ha dejado de ser la mujer dura para convertirse en madre afectuosa. Balder acata complacido su prestancia de jefa de familia que únicamente aspira al bien exclusivo de todos los suyos. La señorita de cara de mona que figuraba en el retrato de la sala es Simona, y Simona frente a él, cuando hunde la cuchara en la sopa, levanta los ojos y le mira sonriendo, ancha su nariz de trompeta, mientras que su hermano Víctor sonríe con mezcla de suficiencia y dulzura, entornando los párpados pestañudos. Y Alberto, también Alberto, corta una rebanada de pan, y tras de los lentes montados en su nariz de caballete sonríe a Irene y a Balder. Zulema no ha podido venir, está de ensayo.

Una dulzura queda sube a lo largo de las paredes del corazón de Balder. Gratitud que participa de la misma paz que se desprende de la sopera y del pan. Irene, a su lado, hunde su cuchara en el plato de Balder y le sirve la sopa en la boca. Balder se ríe, trata de resistirse. Irene lo reprende fingiendo seriedad, y en Balder la neblina de alegría que se desprende de su corazón asciende despacio hacia su garganta, ahogándolo con un tibio vaho de emoción. Entonces deja de comer y mira en redor conturbado. Le parece que hace mucho tiempo que conoce este comedor pintado a imitación papel, con bastones azules y motas de almagre. Si vuelve la cabeza tropieza con el aparato de radio construido por Víctor; tras de la señora Loayza, severo, desprende del muro su alto relieve, el aparador de roble y frontero a sus ojos se encuentra el trinchante, con dos bastoncillos de sus anaqueles reventando de rollos de papel, cartas y fotografías. Tras de Alberto, una heladera antigua, de madera amarilla, le trae un recuerdo de su niñez, otra casa donde había una heladera semejante a ésta, y que entonces maravillaba sus siete años sin que pudiera explicarse el porqué.

Y sin poderse contener, exclama:

—¡Oh!, esto es muy lindo, muy lindo...

Simona, Alberto, Víctor, Irene, lo observan comprendiendo por pedazos que ese hombre, que se encuentra allí frente a ellos, participa de la sencillez de sus corazones y de la animalidad pequeñita de sus vidas. La señora Loayza lo envuelve en una brillante mirada juvenil, para decirle después, con cariñosa autoridad, de madre:

—Balder, se le va a enfriar la sopa.

En ese instante Estanislao quisiera besarle las manos a la madre de Irene. Una premura de cariño golpea furiosamente en su corazón. Su pensamiento se apodera ávidamente de la forma de los objetos que lo rodean y piensa:

«Es necesario que me deje encadenar por todo, para que nunca, nunca pueda dejar a Irene, aun cuando yo lo quiera».

Irene, como sí comprendiera la naturaleza de sus pensamientos, le pasa un brazo por el cuello y Balder murmura en su oído:

—Te quiero hasta un punto que vos no te podés imaginar.

—Hijita de Dios, ¡dejá comer a ese hombre! —dice la señora Loayza, y dirigiéndose al mecánico comenta:

—No lo deja comer al pobre. Esta muchacha está loca perdida

Alberto inclina la cabeza sobre el plato, mira sobre los anteojos a Irene y a Balder y les guiña un ojo al tiempo que rompe una tajada de pan.

Balder piensa:

«Todo es felicidad para mí» —y es cierto. En una armonía que traza más redondeces que una corriente de agua junto a una piedra, sacuden sus sentidos la transparencia de las copas de convexas curvas de sombra y de níquel, las florecitas sonrosadas que ribetean el enlozado borde de los platos, el coloidal temblor de la sopa de la que se desprenden ligeras volutas de vapor.

Los sonidos de los cubiertos, las palabras que se cruzan, la temperatura de Irene apretándose a su lado, combina en sus nervios la sinfonía del Amor Humilde, que ya no es aquel otro, El amor brujo, violento y batido con estridencias de cobre en la Danza del fuego.

—¿Sos feliz, chiquito?

—Sí, querida. Inmensamente feliz.

Cuando Irene inclina la cabeza hacia él sus rulos le rozan las mejillas. Balder susurra en su oído:

—Y siento que la voy a querer mucho a tu mamá también.

Irene deja de comer para contemplarlo. Lo observa desde todos los ángulos, absorbe con los ojos brillantes de orgullo, su gesto cuando se lleva la cuchara a la boca, cuando sonríe, al conversar con Alberto. Balder se siente bebido por la mirada de la jovencita, entonces tratando de fingir seriedad le dice:

—Tenés que comer... estás flaquita.

La señora Loayza se vuelve afectuosa:

—¿No es cierto, Balder, que la nena está delgada? Y usted no se imagina todo lo que tengo que hacer para que coma. Ya ve, aquí hay un pan de manteca de un kilo... la manteca se compra por kilos. No sé qué hacer de esta chica. A la mañana a las diez le espumo el puchero, le doy un poco de caldo, verduritas... pero no hay nada que hacer. No tiene apetito...

Balder escucha con atención a la señora. Desearía decirle que la quiere mucho, que le agradece infinitamente que sea madre de esa criatura que él ama tanto. Repentinamente entusiasmada, Irene exclama:

—Voy a comer para que no tengan derecho a protestar. Conste que como ¡eh! —Y triunfalmente lleva una cucharada de sopa a sus labios.

Víctor desde enfrenté salta con estas palabras:

—Todas las mujeres son unas histéricas... —Sonríe luego con suficiencia y timidez, pero Irene hace tanto caso de él como del gato que ronda bajo la mesa. O menos quizá.

Ahora Balder tampoco puede sustraerse al encanto de mirar a Irene comiendo. Le parece maravilloso contemplar a la jovencita que se lleva el cubierto a la boca; a instantes distingue entre sus labios rojos, el brillante marfil de su dentadura. Irene intuye el efecto de este acto sobre la sensibilidad de Balder e, inclinando la cabeza sobre el plato, sonríe al tiempo que con la mano libre, bajo el mantel, le aprieta furtivamente la rodilla.

Alberto sonríe.

Un silencio físico parece atravesar la casa, la noche, los muebles, llega hasta ellos, se les mete en el corazón y comprenden que el fin de la vida es tamaña quietud, paz semejante, encontrarse todos en redor de una mesa, con un mantel blanco, sin necesidad de decir palabras superfluas, gozando de aquel bien que nace de la suma de sus egoísmos.

—Hace frío afuera —murmura Simona.

Balder se acuerda de cuando vivía en compañía de su hermana y su madre. Hace mucho tiempo, antes de que él se casara. Su hermana decía: «hace mucho frío afuera». Él se acercaba al vidrio de la ventana del comedor, empeñado en trazar una letra con la punta del dedo y regresaba diciendo:

«Cierto, hace frío afuera».

—¿Qué pensás, chiquito? —pregunta Irene.

—Me acuerdo de tiempos muy lindos... en casa de mamá.

Ella le taladra un instante los ojos y comprende que Balder dice la verdad. Entonces murmura:

—Sos muy bueno, querido...

Víctor le tira una miga de pan a Simona con la uña del pulgar y la señora Loayza interviene:

—Quietos, chicos.

Sienten durante un momento necesidad de comportarse como criaturas, pero Simona tiene veinticuatro años y Víctor veintisiete. Innegablemente, la consideración invisible gira allí en torno de una sola persona: Irene. Balder siente que ella es querida por todos, preferida a todos e Irene, en cierto modo, parece ajena a esta simpatía interior que se exterioriza en la solicitud de los otros.

Víctor le pregunta a Alberto:

—¿Y, terminó el bobinado del transformador del cine?

—Mañana lo entrego.

—Fíjese que el dueño quería mandarlo a Buenos Aires, pero yo le aconsejé que se lo diera a usted...

—Sí... me dijo...

—Un poquito de tallarines, Balder...

—Señora... por favor... ¡cómo me ha llenado el plato!

—Estás flaquito, querido... tenés que comer...

Balder se ruboriza y sonríe. Después se horroriza. Víctor acaba de echar en su plato un pedazo de manteca que debe pesar cien gramos. No puede contenerse y exclama:

—Pero usted es un bárbaro. Se come toda la manteca solo.

—¡Oh!, esto no es nada —dice Víctor sonriendo con suficiencia para concentrar la atención del huésped sobre él y, para demostrar toda la manteca

que con los tallarines es capaz de comerse, corta otra rebanada del bloque y la disuelve con el tenedor en la pasta caliente.
—¿Y usted come siempre así?
—Siempre —dice la señora Loayza.
—Y entonces, ¿cómo es que está tan delgado?
—Mala respiración —dice la señora Loayza—. Hace mucho tiempo que tiene que operarse de la nariz... No quiere ir nunca...
—Y tan pocos tallarines vas a comer vos —salta Balder asombrado, mirando el plato de Irene; y condolido insiste—: Criatura, vos no comés nada, nada. —Balder se dirige ahora a la señora Loayza:
—Pero esta chica no come nada, señora.
—Tengo que hacerla ver por el médico. Hace años que anda mal del estómago. Debían sacarle una radiografía.
Balder mueve la cabeza. «Uno tenía que operarse de la nariz y no se operó. A la otra tenían que radiografiarle el estómago y no lo han hecho. Todo en esta casa marcha como las cerraduras».
Ahora humea una fuente con un costillar de cabrito, luego otra fuente de ensalada. Balder retrocede en su silla.
—Yo no me sirvo más nada, señora. He comido una barbaridad.
—Pero, Balder... vea que me enojo...
Le han puesto medio costillar en el plato.
Irene murmura:
—Tenés que comer, chiquito... estás flaco...
Balder reacciona:
—Querida... me decís a mí que tengo que comer... pero vos seguís con el plato vacío. Sos graciosa...
—Es que soy vegetariana...
Alberto y Víctor se han engolfado en una conversación de técnica. Víctor se dirige a Balder:
—Usted, que es ingeniero, ¿entiende de radio?
—Poco y nada... lo que me interesa es arquitectura...
—Dígame: ¿qué opina de esos experimentos que se han hecho para hacer estallar una mina con rayos ultravioletas?
—Hasta ahora no hay nada...

—¿Pero es posible...?

—Lo único posible es una dirección en línea recta con ondas cortas y hasta cien millas... nada más. El resto es pura fantasía...

Paz, un silencio físico que atraviesa la casa, la noche y los muebles, llega hasta ellos, se les mete en el corazón y comprenden que el fin posible de la vida es tamaña quietud, paz semejante, todos en redor de una mesa, con un mantel blanco, sin necesidad decir palabras superfluas, gozando aquel bien que nace de la suma complicidad de sus egoísmos.

Extractado del diario de Balder

Las pasiones, como las enfermedades, una vez alcanzado un límite, se desenvuelven tan rápidamente que la técnica patológica define el agravamiento subitáneo hacia la muerte con el inequívoco término de «descenso vertical».

Así caí dentro del pozo de mi propia pasión, verticalmente, perdiendo casi en absoluto el control de la voluntad moral. Una mínima franja de inteligencia asistía con atenta lucidez, al desenvolvimiento del terrible juego. Reproducíase el estado de semiimbecilidad a que he aludido anteriormente en mi diario.

Odiaba a Elena en la misma medida en que amaba a Irene. Mi esposa era un obstáculo pasivo al impedir que me uniera para siempre a la colegiala.

¡Qué maravillosa sucesión de estados psíquicos diversos! ¡Qué ensayo angustioso, arriesgado, de la propia potencia y de la propia debilidad!

Simultáneamente apetecí que la tiranía efectiva de Irene y su madre, arreciara sobre mí con un martilleo de exigencias cada vez más intensas. De tal manera que la acción conjunta de ambas anulara los subsistentes vestigios de escrúpulos.

Deseaba que el dominio ejercido por Irene fuera tan ilimitado que ninguno de mis sentimientos pudiera resistir a sus caprichos. Dejaría de ser Estanislao Balder para convertirme en un ridículo esclavo de esa familia que, adobándome con costillas de ternera y postres de chocolate, me conduciría al Registro Civil, después de haberme obligado a abandonar a mi esposa y a mi hijo.

Y mientras yo anhelaba ser tan mortalmente destruido para no poder escapar nunca más de las redes de sus proyectos, ellas, sin reparar, destejían esas mallas. O revelaban inadvertidamente una prisa tan en consonancia con su falta de tacto, que el juego de conquista remataba finalmente en una siniestra aventura despótica, desprovista de interés para una naturaleza medianamente sensible.

La técnica de este juego terrible y sin flexibilidad era simple:

Irene se remitía sin chistar a las decisiones de su madre, procediendo a semejanza de un usurero distinguido que, no atreviéndose a menoscabar su reputación en un Juzgado, endosa sus pagarés a un tercero y luego se lava las manos. El culpable no es él, sino el «otro».

Tal me ocurría con la jovencita. Y yo analizaba desalentado. Mi vida podía representarse como una alternativa de contradicciones: entre el pensamiento que discierne claro y la sensualidad que marcha con los ojos vendados. Irene vivía sin inquietudes. Mi tristeza derivaba de su falta de interés humano por el mundo; las cosas parecían estar creadas o para halagarla o para dejarla indiferente.

Este egoísmo natural donde flotaba su alma, recusando el contacto de la realidad que no la satisficiera, me parecía sencillamente monstruoso. Rehuía la verdad como el gato el contacto físico. Las únicas emociones, que sacudían su modorra permanente y espiritual, eran la satisfacción de la necesidad sexual. Entonces Irene se transformaba al punto que yo no podía menos de preguntarle:

—¿No te avergüenza la realización de ciertos actos sexuales?

—¿Y por qué? ¿Te da vergüenza a vos?

Me abstenía que contestarle. Descubría en su naturalidad al saciar sus apetitos y los míos, una experiencia del placer que me desgarraba en dolorosos celos retrospectivos. La observaba con amor y odio alternativamente. ¿Amor hacia lo que juzgaba que podía enaltecerse, odio por lo que su ligereza me haría sufrir?

Estaba en presencia de una criatura para quien la vida amorosa consistía en una exclusiva función de los sentidos fijados, en no sé hasta qué punto, en un individuo, cuyas facultades intelectuales no alcanzaban a interesarle ni poco ni mucho. Como todas las mujeres extremadamente sensuales, Irene gozaba los placeres que nacían de sí misma. El individuo era un pretexto, cualquier bajo vientre podía satisfacerla.

Quizás en esta certeza radicara el origen de mi rabioso deseo hacia ella. No podía prescindir de la profundidad de sus caricias como el fumador no puede despegarse del cigarrillo que le deja la boca acre. Lo grave es que separados por tal diversidad de experiencias, el desnivel entre su inteligencia y la mía no se eliminaba accionando la más compacta sensualidad.

Ciertos conceptos de Irene me crispaban hasta el furor. Su admiración se exteriorizaba siempre en la dirección de los militares, por los caciques de pueblo dedicados a galimatías de la política y otras personalidades del mundo burgués. Cuando más tarde eligió profesor de música, éste resultó un invertido, para quien el público de un concierto era respetable si entre sus oyentes se encontraban cónsules o agregados a una legación.

Cada acto de la jovencita, analizado revelaba una carencia casi absoluta de sensibilidad moral. Lo cual no impedía que yo me sintiera ligado a ella, como si lo más íntimamente falseado o depravado en mí, encontrara correspondencia sanguínea en los sentimientos que le criticaba.

¿Tipo de querida? Eso. Irene tenía un concepto sumamente erróneo de la arquitectura de la entretenida. Creía que aquélla es la mujer que nos distrae, sin darse cuenta de que la amante estereotipaba precisamente es ese ejemplar de mujer por ella representado, frío en una dirección, carnal y ardiente en otra, la bestia afiebrada que ha sido construida para la oscuridad de la alcoba y que, en las caricias furtivas, revela su potencia irresistible. Yo examinaba a Irene, buscando desesperadamente en la jovencita algo que la salvara de la ruina que en mi interior se preparaba y, al quedarme solo, revisaba sus escasas palabras, sus gestos, sus hechos. Salvo «el espíritu de justicia», término con que designamos cierta necesidad de equidad, Irene estaba vacía. Era una hermosa casa que había que amueblar. Dentro de ella cabía lo malo y lo bueno. Un día me dijo:

—Llegaste hasta mí en el momento en que yo estaba por tomar un camino torcido.

Le creí como creí muchas palabras que por el sólo hecho de decirlas ella debí rechazar.

Cerraba los ojos. Era inútil cuanto yo hiciera para engañarme. Si Irene me hubiese considerado como un amante que en su existencia no podía desempeñar sino un papel reconstructor, mi conducta y mis preocupaciones se hubieran dedicado a hermosearle la vida. Pero ella discernía en mí un esposo... El futuro esposo, y a un marido no es indispensable comprenderlo. Tal es el criterio de las madres de estas criaturas. Basta con adaptarse a los deseos del hombre. Conducta regida por una fracción de pereza mental y otra de sensualidad fácil. Casi siempre produce resultados positivos.

Cuando las evidencias adquirían una intensidad desesperante, me decía:

—No importa. Es necesario que conozca ese nuevo género de esclavitud, que en nuestro ambiente de hombres sin carácter impone a la hembra joven, voluptuosa, asesorada por la anciana técnica en las flaquezas del sexo masculino.

¿No estaba yo en camino de ello? ¿No comenzaba a impregnarme de esa complicidad de tres, que eslabona una turbia junta, en la cual la madre termina por sonreír con un esguince sonrojado, al novio y a la hija, que a ella le consta que han estado minutos antes, ayuntándose incompletamente sobre los almohadones de la sala?

A pesar de que despreciaba a la señora Loayza, Irene me ligaba a ella. Probablemente la madre reproducía en su mente los placeres ansiados por la hija. Los juzgaría etapas inevitables para su satisfacción y técnica de indiscutible eficacia para asegurar la consumación de un matrimonio. Esta evidencia de complicidad me impregnaba de molicie agradecida. Creo que sin avergonzarme me hubiera atrevido a consultar a la señora sobre el más escabroso tema de nuestra intimidad. Estábamos allí uno frente a otro, encadenados por la potencia de nuestros intereses e instintos, y la densidad de la propia aventura, situada en aquella latitud, por exclusivo deseo de ellas, que así la habían encaminado.

Éramos compinches de un pasaje tenebroso y yo no podía sustraerme al placer contaminado por semejante sociedad pegajosa.

Otras, en cambio, las detestaba. ¿Por qué les faltaba inteligencia para comprender el estado psíquico en que me encontraba y explotarlo en una dirección más conveniente para sus fines?

169

¿No reparaban que, a pesar de las dudas, deseaba rabiosamente dejar de ser una individualidad para convertirme en una partícula insignificante de la familia Loayza? Sí, y la más mínima. Deseo provocado por el vértigo nacido del subitáneo descenso vertical en el pozo de la pasión.

Pienso, mientras escribo estas líneas, en la crítica que se hace, después de las batallas, a los planes estratégicos de vencidos y vencedores. Recuerdo frases del mariscal Foch:

«La victoria se obtiene siempre con residuos, con restos. Al anochecer de la batalla todos están fatigados, los vencedores igual que los vencidos, pero con una diferencia, que el vencedor tiene más obstinación, más fuerza moral que el vencido».

Y pensar que ellas fueron tan ignorantes que no repararon en mi absurdo deseo: de que aquellos únicos vestigios morales, los que pueden convertirnos en vencedores, me fueran destruidos.

¡Qué inepcia! ¡Qué falta de tacto! ¡Qué poca imaginación! Yo me entregaba y ellas, para tomarme, atinaban a poner en juego recursos tan absurdos que, a la legua, revelaban la torpeza intelectual de quienes los habían confeccionado.

A este propósito, recuerdo un diálogo con la madre:

Nos encontrábamos Irene, la señora Loayza y yo, de visita en a casa de Zulema. Ignoro por qué motivo aquella tarde Zulema no concurrió al Colón. Observé que estaba un poco demacrada. Después de los primeros cumplidos, la conversación se deslizó rápidamente hacia la situación anormal en que me encontraba con respecto a Irene. Como de costumbre, la jovencita participaba de la conversación con su silencio y mirada atenta. Siempre que se planteaban cuestiones graves (lo he observado más tarde), ella se desplazaba hacia un ángulo neutro. Los demás, su madre, Alberto o Zulema, trataban el asunto.

La señora Loayza me atacó rápidamente:

—Si usted estuviera enamorado de la nena ya se habría divorciado.

Semejante obstinación respecto a un propósito que yo pensaba llevar a la práctica me irritó:

—Yo no le he dicho a usted que no me piense divorciar —y de inmediato, tratando de anular la brutalidad de mi contestación me engolfé en una disquisición abstracta acerca de los inconvenientes que se encontraban en los Tribunales de Justicia, las trabas jurídicas, las chicanas de los procuradores que eran hombres siniestros con cuello palomita y polainas más sucias que sus dedos.

La madre de Irene repuso rápida:

—Vea, Zulema acaba de contarme que un músico del Colón abandonó en la calle a su mujer y tres hijos para unirse a una bailarina. Así proceden los hombres cuando quieren. ¡Qué tantas contemplaciones como las que tiene usted con esa mujer!

Yo no sabía si maravillarme ante tamaña inmoralidad, como la que esa mujer de cabello blanco exhibía descaradamente, o si preguntarle:

«Dígame, ¿le gustaría a usted que yo me casara con Irene, y después por seguir a una bailarina la plantara a ella con tres hijos en medio de la calle?». Pero me limité a contestar:

—En realidad si no me he divorciado es porque carezco de medios económicos. Usted sabe que adoro a la nena.

La terrible vieja desató el concepto práctico:

—Con la adoración no hacemos nada. Hay que proceder como hombre.

En aquel instante pensé:

«Para proceder como hombre con esta mujer, debía dejarle embarazada la hija y después decirle: Venda esta pequeña a otro imbécil que quiera cargar con ella».

Continuó la viuda:

—... Tome ejemplo del músico. ¡Con tres hijos, Balder! Y después hay gente que no cree en el amor.

Y Zulema repetía a coro:

—Eso es amor verdadero. ¡Con tres hijos!

—Pero claro —prosiguió la señora Loayza—. Si uno se va andar con tantas contemplaciones.

Yo recordaba nuestra primera entrevista:

«Ella no tenía ningún apuro en casar a sus hijas... Estaban muy bien en su casa».

Luego la conversación amainó desenvolviéndose hacia otros temas. Poco antes de retirarnos de la casa de Zulema, Irene me dijo:

—Vení a cenar a casa... mamá dijo que te invitara. —Y esa noche, viajando en el tren, Irene a mi lado, la señora Loayza, enfrente, conversamos los tres acercando las cabezas al oído uno del otro. Pasajeros de Tigre, al cruzar el pasillo, nos lanzaban una oblicua mirada, brillante de inteligencia irónica. ¿Qué decíamos? Nada y mucho.

Nos confiábamos cavilaciones cuyo valor multiplicaba la certidumbre de la complicidad. Cada uno de nosotros, madre, novio, hija, discerníamos sin duda alguna el plano anormal en que estábamos colocados. En nuestro fuero interno repudiábamos teóricamente los actos que prácticamente consentíamos, y la violación consecutiva de normas internas convertía el juego en una aventura siniestra. Allí los sentimientos más opuestos encontraban correspondencia, como los múltiples aros concéntricos que se forman en el agua, al arrojar una piedra, y que se compenetran ampliándose a medida que anulan su pequeña extensión.

De este modo se explica que amara a la señora Loayza, admirando su insolencia como una virtud más. Encontraba admirable espectáculo de su audacia y esa meliflua autoridad dura que imponía en el curso de nuestras relaciones. Para justificarse, ella decía:

—El difunto era muy enérgico.

Lo que no explicaba era si el teniente coronel hubiera sancionado nuestras relaciones. Esto no impedía que la señora Loayza, a pesar de aisladas disputas como la que anoté en la casa de Zulema, me estimara. Sentía hacia mí, el afecto egoísta y satisfecho que experimentan las madres por esos machos débiles y sensuales, que intuyen permanecerán encadenados y esclavizados al sexo de sus hijas, y que, por esas hijas que ellas aman tanto, trabajarán como bestias, adorándolas y rodeándolas de todas las comodidades que pueden aspirar sus naturalezas voluptuosas.

Recordaba ciertos cuadros: el de la madre y la hija y un hombre. La madre y la hija embarazada conversan afectuosamente, son amigas íntimas y se comportan de tal modo, porque la hija no puede olvidar jamás que esta madre es su cómplice. La ayudó a atrapar a un infeliz cuya típica finalidad en la vida es satisfacerla ampliamente en todas las direcciones.

Por eso, a medida que renunciaba a la personalidad, aceptando que la potencia del embrujo me impregnara las más insignificantes partículas del organismo, crecía en mí una voluptuosidad tenebrosa y tenaz.

Estaba al margen de la perdición.

Contemplaba a la madre con el agradecimiento abyecto con que un enfermo miraría a un cirujano tenaz que ha sabido convencerlo para que se sometiera a una operación dolorosa. Una vez cumplida en todas sus etapas debe proporcionarle satisfacciones exquisitas.

Lo cual no me impedía decirme, tal como si yo fuera un espectador ajeno al drama:

—Qué maravilloso es el egoísmo de esta vieja terrible. Ama su hija por encima de toda moral y restricción justísima. Ella, que en nuestra primera entrevista fingiera recatarse de obrar por temor a lo que diría la gente, evidencia prácticamente no importarle un comino el juicio de los que la rodean. Es necesario que su Irene se case y ella únicamente retrocederá ante el crimen que pena la ley.

Su conducta era completamente opuesta a la que trataba de hacerme creer inspiraban sus decisiones. Perfectamente situada en la hipocresía del ambiente, me sugería la pregunta de si a tal madre simuladora no correspondía una hija más solapada aún, y cuando mis dudas insinuaban tales posibilidades, observaba a Irene con fría crueldad.

La jovencita me haría pedazos, era innegable, pero yo la destrozaría. Y quizá con más violencia que ella a mí. Entonces su presencia tornábaseme insoportable. Mi sensibilidad descentrada acogía las muestras de su afecto con displicencia irónica. Irene, en su hogar, administrada por la viuda, me repugnaba y atraía como una fiera cuyos zarpazos me desgarraban la carne encima de los huesos y después el corazón.

Ella se daba cuenta. Apartándose de mí se echaba a llorar silenciosamente.

Recuerdo que una vez, después de una de estas escenas crueles, nos abrazamos con furor, los dientes se nos aplastaban en los labios y gemimos entre los estremecimientos del deseo:

—Somos dos fieras iguales... iguales...

En cambio, al alejarme de Irene, es decir, cuando mi sensibilidad recuperaba su posición habitual, experimentaba sinceros remordimientos por los sufrimientos que le proporcionaba, a tal punto que le hacía telegramas desde Buenos Aires, para que al experimentar la sorpresa de recibirlos tuviera una constancia de que mi pensamiento trabajaba continuamente en torno de ella.

Pero a medida que pasaba el tiempo y se aproximaba la hora de ir a su casa, la invencible repugnancia aparecía en mí. Fisiológicamente esta repugnancia es la resistencia de la sensibilidad a ser desplazada a un costado de su eje por la atención involuntaria que le imponen espectáculos desacostumbrados.

El tránsito comprendido entre la estación de ferrocarril y casa de Irene, despertaba en mí magnitudes de náusea. Aquellos trescientos metros que debía recorrer me eran odiosos (luego, en el recuerdo, fue deseado este tránsito, mas porque no afectaba a la sensibilidad que sabía no sería nuevamente conducida por él). Todas las puertas de calle de ese derrotero emanaban un chisme, un secreto, un insulto, una reflexión. Las mujeres que en las puertas de calle eran felices con sus maridos en mangas de camisa, me recordaban a mi esposa abandonada, triste y sola; llegaba a tal punto la violencia de esa repugnancia que, para anularla, seguía casi todos los días caminos distintos que, impidiendo que me familiarizara con los rostros de las personas, diera a mi viaje la característica de un paseo accidental.

Sin embargo, al atravesar la puerta cancel la sensación se derretía en sobresaltos de alegría. Irene caminaba rápidamente a mi encuentro y, en aquel instante, olvidaba todo. Nuestros labios se mezclaban, ella apoyaba, al caminar, la cabeza en mi hombro, tomándome la cintura con una mano, y yo la miraba ávidamente, como si minutos antes hubiera tenido que partir para un lejano país, viaje que, por ahora, había sido aplazado.

Entrábamos al comedor y nuevamente nacía el sortilegio de extrañeza. Yo permanecía allí con la conciencia suspendida en la extrañeza de ver enseres de uso común a todos los seres humanos, situados en distintos lugares.

En mi hogar estaba tan familiarizado con los objetos que éstos únicamente eran visibles cuando los necesitaba.

En la casa de Irene, mi atención permanecía suspendida en una atmósfera de incertidumbre por los continuos choques con sus hábitos o apartada de su eje, en algunas pulgadas. Cualquier movimiento que efectuaba allí me dejaba la consiguiente sensación de ser inarmónico. Era como si respirara aire de distinta densidad.

Deseaba familiarizarme con los objetos que rodeaban a Irene. Incluso averigüé en qué ropero guardaba sus ropas. Sabía perfectamente de qué modo mi esposa colgaba en su casa los vestidos. En el mueble de Irene la ropa se distribuía conservando otro orden. Esos roperos chocaban en mi sensibilidad. Desde la dosificación del café con leche hasta la porción de sal en las comidas, todo era distinto. Continuamente mis sentimientos estancados en la costumbre se insubordinaban contra los hábitos de la nueva casa, advirtiéndome que yo me encontraba fuera de lugar. No porque la disposición de las cosas en mi hogar fuera superior a aquéllas de la nueva casa. Actuaban otros factores. En este choque, que ponía de continuo en sobresalto mi atención, no entraba remotamente el concepto del bien o del mal. Lo que persistía en mí era una descentración de los hábitos más arraigados, cuya duración era semejante al tiempo en que yo permanecía allí. Hago hincapié en detalles aparentemente superfluos para informar y unificar esa cadena de pequeños desequilibrios que repulsaban en mí el afecto de Irene. Allí cada cosa parecía repetirme:

—¿Qué hacés aquí, intruso?

Por otra parte, buscaba subconscientemente motivos para irritarme contra aquella familia. Analizando mi conducta, descubro que mi proceder era una especie de venganza oblicua (de la cual no tenía conciencia) por el paso decisivo que indirectamente me obligaron a dar. Reacción de los vestigios morales a que me referí anteriormente.

Cada tontería de las personas que componían la casa de los Loayza resonaba en mi sensibilidad como un aldabonazo a medianoche.

Cuando no eran las necedades de Simona, que vivía furiosa dentro del obligatorio chaleco de castidad que le imponía su fealdad, eran los chismes anodinos de Víctor, disputando con Simona porque su hermana había sintonizado en el detector de la radio otra estación distinta a aquélla que él prefería, y los bruscos crujidos del altoparlante llenaban por un instante el

175

comedor de gritos de hombre de goma y graznidos de engranajes en seco. Si no era Víctor era la señora Loayza, que buscaba en el aparato «música criolla». Los rasgueos de guitarra y los cantos autóctonos fijaban más aún mi existencia en un plano de vulgaridad atroz. Lo único que le faltaba a Irene, en ciertas circunstancias, era ponerse en la frente una vincha blanca y celeste para armonizar con el paisaje de esa música ramplona. ¡Pero más tarde cómo extrañé y me pareció maravillosa esta «vulgaridad atroz»!

Otras veces era yo el que hostilizaba a Simona por no sentarse correctamente, pues cada vez que se cruzaba de piernas mostraba las ligas.

Sin embargo amaba esta ola de ceniza que llovía sobre mí sepultándome. Ansiaba asfixiarme en la negación absoluta de todo ideal, ahogarme en el materialismo de las Loayza que se creían religiosas porque, día y noche, mantenían frente a la Virgen de Luján, dos mariposas encendidas. Me esforzaba y llegué a convencerme de que me interesaba todo lo que para ellas constituía un agradable tema de conversación: las riñas que el vecino trataba con su cónyuge, los chismes de la señora de enfrente, las aventuras de la chinita de la vuelta de la esquina.

También me solidaricé con ellas, contra sus primas, que le habían retirado el saludo a Irene y a Simona, al saber que la señora Loayza toleraba a su hija que mantuviera relaciones con un hombre casado. Consecuencia de mi parte sin mayor valor.

Otras veces, de noche, salía con Irene, Simona y la señora Loayza a pasear por las calles del Tigre.

La señora Loayza y Simona atrás, Irene y yo adelante. Me desdoblaba, avanzaba diez metros más adelante de mi cuerpo que caminaba tomado del brazo de la jovencita y me decía:

—He aquí en marcha, la eterna pareja.

Caminábamos en silencio frente a zaguanes iluminados. En algunas partes señoras y niñas detenidas, nos miraban pasar, y cruzábamos bajo la inquisición de las miradas, que simultáneamente calculaban nuestra posición, el precio del vestido de Irene, la calidad de mis zapatos, la fealdad de Simona, la probable edad de la señora Loayza.

Me imaginaba los comentarios de aquellas mujeres de brea o cruzados sobre la pañoleta, en los umbrales de sus casas. Cuando nos veían, callaban, examinándonos con investigadora mirada. Fabricarían chismes que durarían el resto de la velada. Tenía que morderme para no reír a carcajadas, reproduciendo en mi mente el horror real y exagerado que ellas evidenciarían en sus relatos, al contar que «habían visto» a un hombre casado del brazo de una chica soltera. Estos decires, más que posibles, me divertían, entonces se los transmitía a Irene y ella, sonriendo, regocijada, ante el escándalo que yo trataba de visibilizar ante sus ojos, me contestaba:

—Dejá que digan lo que quieran, chiquito. Con tal que nosotros seamos felices...

Sin embargo no podía menos de arrugar el ceño al admitir que la primera mujer con derecho a burlarse, si me viera escoltado por Simona y su madre, era mí esposa, aunque yo ya me había planteado un problema.

«Si deseaba ser feliz con Irene, debía comenzar por admitir sin discusión alguna el ritual de la moral burguesa». En consecuencia, en vez de rechazar la comedia del paseo nocturno, la deseaba.

Agradábame exhibirme en consonancia con los cánones de las obligaciones hipócritas, demostrar que respetaba y acataba la disciplina que imponía la autoridad de la madre a un hombre que, por añadidura, estaba casado y que, expresamente, se divorciaría para desposarse con su hija.

¿Quería ser feliz?; ¡perfectamente!, no tenía derecho a diferenciarme, en un ápice, del rectángulo de vulgaridad que forman todas las parejas con una madre y una hermana atrás. No sólo debía respetar la disciplina burguesa, sino enorgullecerme de ser sometido a ella por la fuerza de las circunstancias.

Me decía:

«Alguna vez, merced a tantos esfuerzos realizados, quedaré deformado como Víctor, Alberto, Irene o la señora Loayza. Entonces podré disfrutar de la felicidad. No importa que ahora la anciana, con el pecho hinchado de orgullo, incube este pensamiento ladino: "A pesar de que estaba casado lo dominé". Al final me convertiré en un cero como ellos y entonces seré dichoso».

Irene penetraba en mis intenciones. Dábase cuenta de que en el hombre enamorado se había entablado una lucha y que él, para ser vencido, no se escatimaba a sí mismo ningún sometimiento. Era aquélla una prueba desesperada y la jovencita estaba segura de salir triunfante.

¿No le confiaba acaso yo, mis más íntimos pensamientos, mis el rebeliones más subterráneas? Cuanto malo o bueno he pensado de Irene siempre se lo he dicho. No he admitido la injusticia de un juego oculto. Muchas de las reflexiones que aparecen consignadas aquí son posteriores a nuestra ruptura.

A veces, después de cenar, sentados en el patio de su casa, entre macetas de arbusto, Irene recostándose en mí, me decía:

—¡Oh, si supieras cuánto te quiere mamá! Se da cuenta que sos bueno, que me querés de verdad.

—¡Y yo!, te prevengo que a veces siento tentaciones de besarle las manos, de llamarla mamá.

Y era sincero.

Un día, deseando comprobar la veracidad de mis sentimientos, le dije a la señora Loayza:

—Vea, desde hoy en adelante la llamaré mamá a usted.

No he podido nunca olvidar la sensación de choque y de violencia que experimenté cuando en vez de decirle «señora», la llamé «mamá». Cada vez que pronunciaba la palabra, una onda de repugnancia profunda me enturbiaba de temblores los labios. Entonces apeé el trato, desesperando de poder construir una muralla de arena.

¿A dónde iba? ¿Qué es lo que quería?

Irritado buscaba ángulos absurdos para desconcertarlas, y ciertas actitudes mías no podían menos de sorprenderlas.

Una noche que discutí agriamente con Irene, bruscamente entró en la sala la señora Loayza. Mirándola fijamente, le dije:

—Vea, señora, quiero hacerle una advertencia. No la deje ir sola al centro, a la nena conmigo...

Irene, que había soslayado la entrega definitiva, desde la banqueta del piano, donde estaba sentada, me miró con ojos chapados de luz y furor. Sus mejillas enrojecieron de indignación, mientras sus fosas nasales se dilataron aspirando vehementemente aire. La señora Loayza esquivó el ataque con esta capciosa interrupción:

—Usted, Balder, es celoso. Pero no tenga cuidado. Cuando la nena va sola al centro, yo siempre la acompaño.

No insistí. Por otra parte hubiera sido estúpido. Había llevado a cabo mi propósito para demostrarle a Irene que ella no podía encadenarme con la sensualidad, y para evitar reproches injustos, si la entrega se producía, lo cual ya era tan fatal y no sé por qué motivo subconsciente la esquivaba a través de los días.

Sin embargo este golpe de efecto tuvo la virtud de infundirme un poco de confianza en mí mismo.

Entre las manos de Irene, auxiliada por su madre, me convertiría en un imbécil o, por lo contrario, desarrollaría un tren de combate, donde además de vencerme las dominaría a ellas.

Tenía pruebas sobradas de que todos aquellos de mis amigos que se introdujeron al camino tenebroso, se habían perdido o estaban tan maniatados por sus amantes que ya no se salvarían más.

¿Correría el mismo riesgo? ¿Me defendería el instinto?

Subsistía la curiosidad de someter a pruebas psicológicas mi naturaleza y la de Irene. ¿Cómo se comportaría la jovencita? ¿De qué elementos reales se componía su carácter?

Esa química del alma humana, misteriosa, impalpable, casi me seducía extraordinariamente.

Veréis más tarde cómo mi instinto y el análisis me ayudaron penetrar en el fondo hermético de esa muchacha y cómo, a pesar de mi gran amor, le demostré que era el más fuerte.

Pero fue mediante el desarrollo de una batalla terrible, encendida.

Sueño del viaje

En Tigre del Delta, a las tres de la tarde.

Irene camina, pegado su hombro al hombro de Balder, la mano de él, que pasa bajo su brazo, apretada entre sus deditos enguantados.

Bruscamente a la vuelta de una esquina aparece un galpón de cinc. Resopla sordamente la máquina del aserradero, una chimenea color de sangre recorta lo azul y, tras de un alambrado, descubren pilas de tablas estibadas en rectángulo, secándose al sol.

Irene vuelve el rostro, sobre el cuello de armiño, hacia Balder, y éste aparta un rizo de azabache de su mejilla ligeramente sonrosada.

—¡Querido! —Balder va a contestarle, pero calla ensordecido por el estrépito del martilleo que alterna en el aserradero con el zumbido de la sierra. Es la fábrica de cajones para frutas del Delta. Más allá, un bungalow listado como la proa de una barca de madera, avanza su altura entre cortinas de rosas rojas y en lo celeste la chimenea vomita borbotones de humo, cuyas volutas se disuelven en la atmósfera como rulos de oro.

Irene, apretándose contra Balder, dice:

—Chiquito... he pensado una cosa, ¿no te vas a ofender?

—No querida... decí...

—Para reunir plata para el viaje pienso vender el piano. Ochocientos pesos me pueden dar.

El alma de Balder se acerca a las nubes...

—Criatura, ¡qué generosa que sos!

—No me digas eso, Balder. Y en los primeros tiempos que estuviéramos en España podría hasta dar lecciones de piano para ayudarte.

Balder mueve la cabeza. Sus conceptos mezquinos se derriten. La jovencita se demuestra superior a él. Como un relámpago pasa el eco de estas palabras que otra vez ha pronunciado Irene: «Te quiero yo mucho más a vos, que vos a mí». Y sí eso fuera cierto. ¿Pero qué piensa? ¿Tiene derecho acaso a dudar de esa gente? Ha bastado que él dijera que, después de iniciados los trámites de divorcio, deseaba irse lejos, a «España, por ejemplo», para que la señora Loayza asintiera en principio.

—¿Qué pensás, querido mío?

—Pienso que sos superior a mí. Nada más. ¿Te parece poco?

Irene le aprieta el brazo disgustada:

—Querido. ¡No digas esas cosas que me enojo!

Balder deja penetrar en sí a la distancia. Le parece que el alma se le ha despegado del cuerpo. Avanza bailarina por la soledad de la callejuela asfaltada, botánica en la interminable sucesión de bardales. Cúpulas sólidas, ramosas, mantienen suspendido en la atmósfera un permanente temblor de lluvia verde, que agita trasluces olivaceos.

Más allá de la esquina se distingue un frente de mansión germánica. Las chimeneas de mampostería se recortan negras sobre nevadas cordilleras de nubes. Macizos de sauces abovedan la vereda. Las gallinas picotean en el enladrillado de la acera, círculos de sombras claras y la calzada de asfalto, torciéndose hacia la izquierda, se raya en su lisura de siluetas dentadas que el viento estremece. Cavilan ambos pensamientos el proyecto.

—El problema son los muebles de casa.

—Y si se vendieran...

—Otro problema es Víctor, que no tiene trabajo. Si Víctor trabajara...

Cuando se trata de los otros, el egoísmo de Balder no hace hincapié en sutilezas psicológicas. Sintetiza terminante:

—¡Víctor que se las arregle!, ¿no te parece? Para eso es hombre.

Un cacareo de gallos pone en la tarde su advertencia campesina. La vegetación de innumerables enredaderas disimula los alambrados. Las ramas de los sauces se arquean como varas de plata. Por el suelo, entre carnudas hojas dentadas, como manos humanas, tiemblan campanillas blancas y las casas, con enrejados verde, palmeras, escalerillas y canteros contenidos por marcos de botella blancas, parecen pertenecer a un país tropical, donde la vida humana únicamente puede subsistir mediante esa alternada lluvia de sombras violetas y lilas.

Balder piensa:

«Dice que no soy inferior a ella, pero en verdad lo soy. Me supera en generosidad y nobleza. Cuando admito que es egoísta, me equívoco deliberadamente para rebajarla a mi altura».

—¿Qué pensás, querido?

—Pienso en los deseos de otra época. ¡Si supieras cuánto he soñado con un viaje así! Iríamos a Granada... a Toledo...

—¿Y puede uno divorciarse así a la distancia?

—Sí... creo que por poder se puede diligenciar el divorcio, ¿pero tu mamá está dispuesta al viaje?

—Sí, y me parece que muy seriamente. Esta tarde salió... Dijo que iría a pedir precios de pasajes en esos barcos de clase única.

—¡Oh! Los hay muy buenos.

—Qué felices vamos a ser, chiquito. Me parece mentira.

—Nos alquilaremos alguna casa con patio andaluz.

—Y que esté cerca de las montañas. Fíjate que yo nunca he visto montañas.

—Tocarás el piano... En Madrid creo que está el Conservatorio Real. Además se está cerca de París.
—¡Qué maravilla, chiquito! No me voy a separar nunca de vos.
—Y yo. Pasaremos el día juntos, ¡te das cuenta!, recorro en compañía esas callejuelas antiguas... ir a los museos. Encontrarás profesores buenos para estudiar piano. Podés dar conciertos allá. Tener éxito en Europa es muy distinto a triunfar aquí. Aquí es difícil. Te rodeará el silencio, la envidia.

Callan abstraídos, penetrados de la botánica calma.

Sus pensamientos, como los discos de agua de los remolinos, tienden a sumergirse en la oscuridad de un cónico silencio. El calor del brazo de Irene traspasa su ropa, ella aún no se ha entregado, pero su entendimiento y madurez es tal que aquí.

Balder piensa:

«Quisiera que en cuanto se entregara a mí quedara embarazada. Y no me avergonzaría de pasear con ella, aunque su talle estuviera deformado. Y cuando tuviera un hijo, lo querría enormemente y le diría: ¡Ah, sinvergüencita!, si te quiero tanto es porque sos hijo de Irene, y ni vos encontrarás sobre la tierra una mujer que te quiera tanto, como me quiere esta muchacha que camina a mi lado».

Irene, adivinando el rumbo de sus pensamientos, se apoya lánguida en él. Balder piensa:

«Sus senos se hincharán de leche y yo también beberé su sustancia, para que su sangre corra por mi sangre. ¡Así no podré dejar de quererla nunca!».

—Querido... ¿qué pensás?
—Pienso cuándo te entregarás a mí.

El rostro de Irene enrojece, luego apretándose mimosa contra Balder, habla en voz baja, casi a su oído:

—Estoy enferma, querido. Después sí... te lo prometo. Lo deseo tanto como vos...

Nuevamente callan. El silencio ondulado como la superficie del mar los sofoca y angustia. Anhelan su propia desnudez, desfallecer el uno en otro y Balder susurra en su oído:

—¿No tenés miedo de quedar embarazada, querida?
—No chiquito. ¿Vos querés que quede?

—Sí.
—Amor, ¡qué bueno que sos!
Irene se aprieta contra él.
—Yo también deseo tener un hijo tuyo, Balder. Me lo imagino. Sería una delicia.
—¡Querida! Lo llevaría en brazos para que no te cansaras.
—Balder... Calláte que me enloquecés.
De pronto aparece el edificio que les es odioso.

Entre un jardín salvaje, casi bestial de sombrío, un sólido caserón de tres pisos se yergue antiguo como un terrible viejo alemán, con saledizos oblicuos de madera descolorida, ventanas protegidas por alambreras y enhollinadas chimeneas de material. Balder involuntariamente se imagina que allí vive un anciano tudesco, fuma en pipa de porcelana y mira adustamente tras de sus espesas cejas el retrato del Káiser, pensando en su abdicación.

Luego se renueva el caos. Los troncos surgen semiasfixiados por ceñidísimas mallas de hiedras y en el aire, sin caer, mágicamente se suspende una perpetua lluvia verde, cuyos abovedamientos adquieren concavidades violetas y sonrosadas de pompas de jabón.

En otras partes las tapias están recortadas por portezuelas de madera. Patos blancos, de pico anaranjado, sacuden las alas entre los hierbajos.

Irene habla:
—¿Cómo será el océano, chiquito? ¡Te das cuenta!... Yo no sé... Me lo imagino enorme... interminable. De noche, debe ser algo maravilloso, cuando sale la luna.
—Me parece que te veo a vos y a mí, en una pasarela del barco —Irene le aprieta contra su brazo.
—¡Qué maravilla, chiquito! ¡Qué dicha haberte conocido!
—¡Y yo! ¿Te das cuenta? Pasar de la oscura vida de mi casa a este deslumbramiento. Te tengo a mi lado y me parece mentira. Y sin embargo sos vos quien me da su brazo... son tus manos las que tengo entre mis manos.
—Chiquito querido...
Mira, cuando vayamos en el barco, la luna nos iluminará, nosotros nos miraremos a los ojos y acordándonos de todo lo que hemos sufrido nos diremos:

«Parece mentira todo, y sin embargo pasó, y ahora estamos aquí».
—Querido mío...
—Qué dirá Alberto cuando sepa que nos vamos a Europa.
—Se caerá de espaldas.
—¿Qué dirá realmente?
—Y Zulema. Le va a parecer increíble.

Caminan en silencio, empapados de su felicidad. Balder recorre imaginativamente zonas de geografía arbitraria, desde una balconada de hierro divisa laderas con rebaños de cabras, los claveles retrepan hasta sus rodillas, de pronto alguien por detrás le tapa, riéndose sofocada, los ojos con las manos. Es Irene. Envuelta en un peinador, apoya un brazo en su hombro, y ambos se quedan mirando la distancia, enrojecida por montes de cobre y violeta, mientras en las honduras se bifurcan callejuelas estrechas, entoldadas de lonas amarillas.

Una idea acude a Balder.
—Mirá... te acompaño hasta la puerta de tu casa.
—¿Por qué?
—Voy a ir en seguida al centro. Quiero conseguir unas guías de España. Debe haberlas.
—Habrá guías de hoteles.
—No sé, veremos.

La arquitectura de sus ensueños se mezcla a la diversidad espectacular del paisaje, casi tropical, que los rodea.

Un perro encadenado al poste que soporta un techín de cinc, les ladra siempre que pasan, meneando la cola, y los techos de dos aguas aparecen truncos, entre inexplicables alturas verdes, sombreados por abanicos vegetales. La tierra allí parece superponer planos de distintos niveles. Tras de todos los alambrados corren perros para ladrarlos, un hombre que cruza con una carretilla metálica, haciendo un estrépito horrible los saluda, y Balder pregunta:
—¿Quién es?
—No sé, querido.

La edificación del barrio es heterogénea. Abundan casitas pobrísimas, de murallas hinchadas por la humedad, pintadas de rosa. Cortinillas de cretona ondulan ante las ventanas. El cielo espacia entre altos postes telegráficos. De un tumulto de árboles parten voces femeninas. Nunca falta una vieja que deja de escardar en su jardín, para incorporarse y mirarlos pasar, al tiempo que se frota los riñones adoloridos. Las casas de cinc brotan de entre jardines maravillosos, pimpantes de estrellas amarillas, rojas, azules, argentadas, y frente a cada galería se extiende un sarmentoso cortinaje de viña.

Algunas viviendas están a dos metros del nivel del suelo. Se sube a ellas por escalerillas de tramos lateralmente pintados de colores crudos, y los lienzos amarillentos de muralla se recortan agriamente como paramentos patibularios.

Doblan en Coronel Morales.

—Amo la calle de tu casa —dice Balder, mirando extasiado la anchurosa avenida de granito que asciende hasta el cielo, flanqueada por grises postes telegráficos.

—¿Te acordás de la primera vez que te encontré?

—Me seguiste hasta aquí.

—Quedé mirándote cómo entrabas...

—Yo volví la cabeza. ¡Qué raro me parecías entonces!

—¿Quién diría? Cuando desapareciste, pensé: «Sin embargo sería más fácil detener el sol con la mano que entrar a su casa tras ella». ¡Y ella eras vos! Por allí —Balder señala una franja de vereda— me encontré con una chica gorda y descalza que pasaba silbando.

—Es notable, querido. Todo ocurre, nada es imposible. ¡Y cómo pasa el tiempo!

Callan embargados de la emoción que suscita la evocación. Recordando, Irene insiste:

—¿No querés venir a tomar el té a casa? Después te vas.

—Chiquita... si te acompaño no salgo de tu casa sino cuando se vaya el último tren... bien lo sabés.

Irene sonríe enternecida. Sabe que es así. Ajustando los bordes de su capa celeste sobre el pecho, le aprieta el brazo:

—Bueno... andá... pero portate bien y volvé pronto.

—Sí

Se aleja de la jovencita con una fiesta de emoción. Ni una sola pulgada de su carne se encuentra libre del sortilegio con que ella lo impregna. Piensa satisfecho:

«¡Oh, qué fuerte es su embrujo! ¡Qué fuerte es esta criatura! Sería capaz de llevarme hasta el crimen y yo iría... claro que iría. Marcharse a Europa. ¡Qué maravilla! ¡Dejar atrás los recuerdos y las malas tristezas, como se deja un traje viejo! ¿Por qué no? El océano puede tapar un remordimiento, y dos también».

Sus sentidos se bañan en un licor de afectuosidad. Nada en estos momentos le es desagradable.

Tras de los vidrios de sus puertas, sastres con las piernas cruzadas hilvanan prendas negras. Un chico forcejea en la puerta de lanzas de hierro que defiende la entrada de un patio embaldosado de mosaicos rojos, entre un hotel y una ferretería. En el aire flota sabroso olor de pan cocido.

Balder vuelve la cabeza y distingue a Irene detenida en la puerta de su casa. Simultáneamente se saludan con un brazo y Balder desaparece tras de la esquina.

Irene, arrodillada en un almohadón, ocupa el espacio libre que medía entre su madre sentada y Balder arrinconado en el sofá.

Sobre las rodillas de Estanislao, se abre un prospecto de los barcos de «clase única», recuadrado de dobles líneas de plata, amarillo canario y celeste argento. Bajo la luz de la araña, la señora Loayza, envuelta en su pañolón violeta, examina los camarotes de dos y cuatro pasajeros, con sus camas de dos pisos, escrupulosamente tendidas, la ventanilla encortinada y un espejo rectangular sobre el lavatorio de porcelana.

—¿Qué le parece, Balder?

—Muy bien señora.

Irene levanta hasta Balder sus ojos color tabaco.

—Es precioso. ¡Y qué camitas tan estrechas!

Balder murmura sonriendo en su oído:

—¿Me harías sitio en una camita así?

Ella le aprieta una rodilla con los dedos y mueve la cabeza asintiendo, al tiempo que sonríe. Balder se dice:

«¿Con qué podré pagarle la felicidad que me regala?». Le acaricia despacio la cabeza.

—Y el comedor... ¿fíjense si no parece una segunda de los barcos de lujo? Las tres cabezas se tocan, siguen con los ojos el camino alfombrado de un salón con sillones de respaldares oblicuos y ramas de flores en los ángulos blancos de las mesas.

Irene apoya su brazo sobre la pierna de Balder y señala rápidamente con los dedos las particularidades del itinerario geográfico, y Balder no sabe si detener la atención en las fotografías del paisaje o en la tarifa de precios.

Cubierta de botes. Camarotes internos. Santos. El Puerto. (Vista tomada desde el monte Serrat). El salón fumador. São Paulo. Teatro Municipal.

Hedor de tinta de imprenta aún fresca amaga en la nariz de Balder mareos y crispaciones de neuralgia. En el salón fumador distingue sobre las mesas lustrosas, tableros de ajedrez, rayas negras cruzan la ensenada de Santos, paralelas a un cordón de montes color mina de lápiz, y en la Avenida Río Branco se abomba el fuliginoso resplandor de los pilares de tres lámparas, a la vera de esquinadas arquitecturas de edificios recios. Monte Sarmiento. Monte Olivia. Itinerario. Camas suplementarias. «Cuando un camarote sea ocupado por tres personas que paguen pasaje entero tendrán el 10 por ciento de descuento sobre tres pasajes». Hamburg-Amerika Linie. Oro, plata, azul y cálices de borra de vino. Precios de pasajes en pesos moneda legal. Juegos a bordo.

Irene exclama:

—¡Esto es maravilloso!

Balder piensa:

«¡Oh, ella también sueña! ¡Qué hermosa es su vida!». Y de pronto quisiera abrazarla, fundirla en sí, dejar de ser él, para convertirse en una unidad en la cual únicamente accionara la sensibilidad de Irene, los antojos de Irene. Apoyando una mano en su hombro le dice:

—No te imaginás todo lo que te quiero.

Ella entorna los ojos. Le transmite una tal beatitud con la tersa dureza de su frente y el estupor maravillado de sus pupilas que Balder experimenta tristeza de no poder morir en aquel instante. ¡Que fácil sería abandonar la vida, allí, bajo esa mirada amorosa que irradia en su sensualidad una eclosión de estrella!

Balder se siente transportado por la influencia del olor de la tinta de imprenta, a bordo de un transatlántico.

—¿Qué le parece, Balder?

—Me parece que estoy soñando, señora.

La señora Loayza aparta un mechón de cabello blanco hacia las sienes y en el fondo de sus ojos se abrillanta una enorme cordialidad hacia el espectáculo que ofrece su hija arrodillada entre ella y ese hombre que es necesario sea para siempre el compañero de Irene. ¿Qué no es capaz ella de sacrificar por amor a su criatura?

Balder acaricia el cabello de la jovencita y abre un libro.

—¿Qué me dicen de esta adquisición?

Irene se pone de pie de un salto.

—¿Qué es eso? ¿La guía, no?

—Y qué guía. Una Guía Oficial de Hoteles de España.

—¿Es vieja o nueva?

—¡Señora!... Flamante. Fíjese en la fecha.

—Sí, mamá... 1929...

—Este libro ha sido editado por el Patronato Nacional de Turismo de España por orden de Primo de Rivera. Es algo maravillo señora. Mire... ¡Va a ver! Abrámoslo al azar... Aquí está... por ejemplo, Sigüenza, provincia de Guadalajara, Hotel Elías, 20 habitaciones, número de plazas...

—¿Qué son plazas?

—Pasajeros. Mire: Cuarenta pasajeros. No tiene ascensor ni teléfono ni calefacción interna. Ya ven... trae todos los datos. Habitación sin pensión, el maximum que puede cobrar, once pesetas diarias... pensión completa, once pesetas también. Éste es el hotel más importante de Sigüenza.

—¿Cuántos hoteles hay allí?

—A ver.

Irene lee:

—Hotel Elías, uno. Hotel Veneciano, dos. Viajeros Casa Pareja, tres.

—Vamos a ver Granada.

—¿Granada? —Vuelven las hojas—. Esto es interminable. Once páginas de hoteles... fíjense aquí, en Granada, hay una pensión que se llama La Argentina.

—¡Qué notable! La Argentina. En la Plaza de Lobos número 10.

—¿Qué cobran ahí, che?

—Fijate. Disponen de seis habitaciones. Pensión completa máxima con pieza, nueve pesetas diarias.

—Pero esto no es una guía, Balder, es un diccionario.

—Así nomás.

—¿Cuánto le costó?

—Casi me caigo de espaldas cuando me pidió tres pesos. Si este libro vale veinte pesos, no tres.

—Y qué maravilla de clasificación.

—Fíjese... esta sección con cartulina rosada correspondiente únicamente a los restaurantes españoles; esta otra, exclusivamente dedicada a los garajes...

—Es un libro estupendo.

—Qué grueso que es.

—Tiene seiscientas cincuenta y tres hojas, y no sólo eso, sino que cada hoja está escrita además en inglés y en francés. El dependiente de la librería me dijo que era el único ejemplar que les quedaba y que lo habían mandado de muestra...

—De este libro no tenemos que deshacernos.

—¡Pero claro! Ahora lo que nos falta es conseguir una guía de los ferrocarriles de España y con eso, cuando llegamos, ni tenemos que preguntar. Con este libraco y la guía hacemos lo que queremos sin equivocarnos en un solo paso.

—Chiquito, me parece mentira tanto sueño.

La señora Loayza reflexiona:

—¡Qué gran obra la de Primo de Rivera! Es inútil... los únicos que hacen algo bueno en el gobierno son los militares.

Irene, detenida en el centro de la sala con las manos en la cintura, cavila:

—Bueno, ahora lo que tenemos que hacer es conseguir la plata.

La señora Loayza añade con dulzura:

—Y divorciarse. No podemos irnos de aquí sin dejar ese asunto terminado.

Balder deja resbalar la mirada sobre el camarote de dos camas, con ventanilla encortinada y espejo rectangular sobre el lavatorio. Piensa que la señora Loayza se preocupa más de su divorcio que del viaje. Luego una voz satírica murmura en su oído:

«¿Qué querés... que emprendan tamaña aventura por tu linda cara? No, querido, la felicidad hay que pagarla».

La señora Loayza añade:

—Por otra parte, una vez allá podemos alquilarnos alguna casita por los alrededores de Madrid. En España, leía el otro día en La Prensa, el precio de los alquileres ha bajado una enormidad...

—Mamita... nos iríamos a vivir en una casa antigua...

—Yo tendría mi cuarto en el tejado.

Irene cruza un brazo sobre la espalda de Balder, que entrecierra los ojos. Distingue cúpulas de iglesias antiguas, curvas de porcelana recortadas en cielos celestes con estrellas de argento.

Balder mira a Irene:

—Piba... tocá algo de Albéniz.

En la medianoche de la estancia se dilataba una musical tristeza reflexiva.

—¿Qué es eso, Irene?

—Córdoba.

Callejas adoquinadas con piedras de río. Altos perfiles de murallas solitarias. Un alma de la que fluye la melancolía azul de la noche.

—Tocá Asturias, chiquita.

Oquedades de pinares. Paradores de troncos. Cascadas de agua entre breñales. Calveros de bosques con hombres y mujeres que languidecen en la dulzura bailada de una muñeira, mientras el sol matiza de verdes y amarillos el alfombrado de pastizuelo.

—Tocá Capricho español, piba.

Entrechocar de platos de bronce. Diligencias que rebotan en los pedruscos de un camino torcido. Enroscadas franjas de voluptuosidad, hilo cristalino de una dulzaina que engrana con las muescas de un violín los cariciosos quejores de una gaita. Irene deja el piano:

—¡Y pensar que todo eso será nuestro!

Irene se estrecha contra Balder. Absorbe el paisaje del hombre en deleite, se empapa de su voluptuosidad trasmitiéndosela luego en crecientes módulos de deseo a través del cristalino de los ojos. Su vida se ensancha, tiembla suspendida de una luz; el cacareo del gallo anuncia el pasar de medianoche y la señora Loayza advierte:

—Balder, va a perder el tren.

—Mamita, ¡si falta una hora todavía!

¡Hora breve! ¡Pasa tan rápida! La señora Loayza, arrebujada en su pañolón violeta, medita acurrucada en su silla dorada, Irene contempla a Balder, le acaricia lentamente las líneas del rostro y el tiempo de reloj, de pronto, para ellos duplica la velocidad de sus engranajes. Quisieran detenerlo eternamente en el paréntesis de ese minuto perfecto. Es imposible. La tierra ha quedado muy abajo. Suspendidos en una altura de ensueño sonrosado atisban la alborada en un jardín celeste, perfumes de naranjas llueven desde todos los lindes de las nubes, entrecierran los ojos y Balder piensa con la más sincera tristeza de su vida: «¿Por qué no me moriré ahora?».

—Falta media hora, Balder.

—Sí, señora... no voy a perder el tren...

¡Irse! ¡Dejarla allí! Se miran a los ojos como si fueran infinitamente desgraciados; pero inesperadamente se reanuda la esperanza, el júbilo de una certeza:

—No podremos separarnos más, chiquito...

—No... No podremos aunque queramos.

Salto vertical en el deliquio profundo.

Los labios se rozan reteniendo el aliento. Inesperado perfume de naranjas los desvanece en la noche de una fiebre tropical. Grandes estrellas plateadas ocupan el espacio entre sus ojos. Africanas de labios maduros los espían sonriendo entre anchas hojas de bananeros. El pudor se les despega de la piel. Anhelan encontrarse desnudos bajo la amarilla mirada de una negra tímida, cómplice de la niña blanca. Irene no recata sus muslos desnudos, cuando la esclava le ofrece entre las hojas verdes, un cuenco de chocolate. Entrecierra los ojos y su mano se apoya en el sexo del hombre. Gimen a un tiempo.

—¡Querida!
—¡Querido!
—Falta un cuarto de hora, Estanislao.
Balder se pone de pie de un salto. Es necesario que se vaya. La puerta se abre, un ramalazo de luz ilumina los pentágonos negros y rojos de mosaico. Tomado del brazo con Irene roza dentados follajes negros. De pronto Balder se siente oprimido entre los brazos de Irene, ella lo anuda tenaz, contra su pecho. Los labios se prensan elásticamente, los dientes se tocan. El nudo se rompe, ambos se rechazan diciéndose:
—¡Andate, querido, por favor!
—¡Dejáme, chiquita... dejáme!
Como asteriscos rojos, cruzan la sombra de la noche los triples cacareos del canto de un gallo.

Anochecer de la batalla

Las nueve de la mañana.
Los contramarcos metálicos de las ventanas de la oficina de Balder reticulan el cielo de tersos mosaicos celestes. Balder apoya la nuca en el respaldar del sillón giratorio y, tapándose los ojos con la palma de una mano, trata inútilmente de concentrar su atención en el cálculo de costo de una estructura de cemento armado.

No puede ser inferior a ciento cuarenta mil pesos. Si se le resta el diez por ciento... Irene no ha llamado todavía. ¡Qué extraño! Siemens-Baunion puede hacer el diez y es posible que el quince también. Probablemente trece por ciento sea la cifra más adecuada. ¿Qué habrá dicho? Once harán Spengler Tauben...

Entreabre lentamente los ojos. El agrio resplandor de los mosaicos celestes le irrita las pupilas con vaharadas de ácido. Aprieta disgustado los párpados. Tiene la boca apergaminada. Bajo la yema de los dedos, la piel de su frente se desliza reseca y quemante.

Aunque no quiere verla, Irene filtra la película de su rostro bajo sus párpados y Balder renuncia a la voluntad de alejarla de la imaginación.

Le parece verla encogida en el rincón de un sofá, el rostro de la jovencita se ensancha y crispa, grandes líneas de sombra ahondan sus ojos en dos triángulos. Un suspiro escapa del pecho de Balder.

Por las cárdenas mejillas de Irene, corren lamparones de cristal, ella mueve inenarrablemente la cabeza y durante un instante Estanislao experimenta la tentación de abandonarse a un infinito impulso de piedad, dejar la oficina, ir hasta El Tigre.

«Siemens-Baunion... ¡oh!, qué me importa la estructura de cemento armado...».

La puerta encristalada gira diez grados. Un perfil oscuro coloca su nariz y visera charolada entre el quicio, y Balder escucha al ordenanza que le dice:

—Pregunta por usted un señor Alberto...

La primera intención de Balder es negarse. Cavila y murmura:

—Mejor es hablar... Dígale que pase nomás.

—¡Cómo le va, Alberto!

El mecánico le estrecha la mano al tiempo que lo examina con curiosidad tras de sus lentes. Alberto lleva cuello flojo de rayas rojizas, corbata oscura. El sobretodo se abre sobre su chaleco, cadena de dijes.

Instantáneamente el afecto de Balder deviene en hostilidad hacia el mecánico. Sin embargo, simula y, amablemente jovial, le señala una silla:

—Siéntese...

—¿Trabaja? ¿Vengo a molestarlo?

Balder piensa rápidamente:

«No sabe nada todavía». Y contesta:

—No... de ningún modo, Alberto.

—¿Y cómo le va a usted?

—Bien

—Ya sé, ya sé. El otro día la encontré a la señora Loayza. Me dijo que pensaban irse a España.

—Por ahora es un proyecto... nada más... ¿Y a usted cómo le va? —Y Balder nuevamente se dice:

«Este hombre no sabe nada».

Alberto sonríe imperceptiblemente tras de sus lentes. Luego la sonrisa se funde en su rostro afeitado y sus ojos adquieren una expresión de perro hambriento. Parece experimentar una ansiedad terrible y en Balder se renueva la hostilidad. No puede explicarse el motivo por qué este hombre le es odioso a pesar de haberle hecho tantos favores. Se produce un silencio prolongado. Balder observa a través de los contramarcos de hierro los mosaicos celestes. Piensa furtivamente:

«Este canalla ha venido a espiarme. Seguramente lo manda la señora Loayza».

La mirada del mecánico va de un plano de papel cromo al rostro de Balder, y continúa silencioso. Entre sus ojos y los del ingeniero se establece una atmósfera sólida, cristalina y el corazón de Estanislao late cada vez más apresuradamente, sus sentidos se alisan en el estiramiento de atención y, de pronto, Alberto dice con su voz más sibilante:

—Dígame, Balder. ¿Usted cree que Zulema puede serme infiel?

La boca de Balder se entreabre lentamente.

—¡Cómo! ¿Y usted no sabe que le es infiel?

La expresión de perro hambriento se intensifica en Alberto. Replica consternado:

—Y usted sabía que Zulema me era infiel...

—No... yo no lo sabía... pero suponía que usted estaba enterado que ella tenía que serle infiel.

Los dos hombres se miran alelados.

—¿Pero usted puede suponer tal cosa de mí?

Balder se indigna e insiste:

—¡Cómo! ¿Y usted no sabía que ella le era infiel?

El mecánico se encoge como para dar un salto. Escruta curioso el rostro de Balder.

—¿Usted habla en serio?

—Y claro que hablo en serio.

—¡Pero, Balder!...

Balder desencaja los ojos.

—Así que usted no consentía que ella lo engañara.

—¿Pero cómo voy a consentir?

—¡Oh!... ¡Pero entonces yo me he equivocado! ¡Que bárbaro!... ¡Estaba seguro que lo que usted deseaba era que su mujer se dedicara más o menos a la prostitución!

Alberto observa a Balder como si éste hubiera enloquecido. Balder en cambio se ríe violentamente:

—¡Qué notable! ¿De modo que usted era ajeno por completo a todo?... ¿Quiere creerme, Alberto? Yo estaba seguro de que usted era...

Alberto permanece en la silla, aplastado. Dos lágrimas corren lentamente por sus mejillas. Balder experimenta una piedad inmensa por ese hombre.

—¡Alberto!... Por favor... discúlpeme... he pensado mal de usted... Yo lo veía tan frío siempre que Zulema hablaba de Rodolfo. ¿Qué menos podía pensar?

El mecánico apoya un codo en el escritorio y la mejilla en la mamo. Mira tristemente los mosaicos celestes del cielo. Balder razona rápidamente:

«Me he equivocado al juzgarlo. Y si me equivoqué al pensar mal de él, también me he equivocado al pensar de Irene».

—Alberto, ¿qué tiene?; cuénteme...

—Zulema me ha confesado anoche que se ha entregado a Rodolfo.

Balder hace un esfuerzo para retener su incredulidad, respecto a la supuesta ignorancia de Alberto, pero luego insiste:

—¿Es posible que usted no lo supiera? Si ella estaba hablando de ese tipo continuamente.

—Ya ve... así es.

—El bailarín del Colón... ¡qué curioso!... Yo creía que usted no quería a su mujer... pero ahora resulta que estaba equivocado. Pero si yo estaba equivocado, ¿cómo se explica que usted, queriendo a su mujer, permitiera que se pasara todo el día sola en el centro?

—Porque nosotros teníamos un convenio.

—¿Un convenio?

—Sí; un día que Zulema y yo conversábamos de las mujeres que engañan a sus maridos le dije: «A mí no es necesario que me engañes si algún día te sucede enamorarte de otro. Creo que la mujer tiene los mismos derechos sociales y sexuales que el hombre. Si ocurriera esa desgracia, avisáme. Inmediatamente yo te devolveré a libertad. Cuando menos nos quedará a los dos la satisfacción de haber obrado sobre una base de estricta sinceridad».

—Y usted, Alberto, cree en los convenios... ¿y con mujeres?

—Creía...

Balder prosigue con una ironía que se le escapa al mecánico:

—Sí... es cierto... ahora me acuerdo que la otra noche Zulema decía que sí usted no le hubiera concedido la libertad que ella disfrutaba, posiblemente, por curiosidad, experimentara deseos de engañarlo.

—No es posible que Zulema sea tan cínica, ¿no le parece, Balder?

—No sé... Mas ¿cómo si usted está enamorado de Zulema, permanecía tan impasible cuando ella nombraba al bailarín?

El mecánico levanta la vista del escritorio y, sin dejar de hacer girar entre sus dedos tina goma de borrar, espía a hurtadillas el rostro de Balder. Las palabras escapan casi sibilantes de entre sus labios finos:

—Estaba acostumbrado a las obsesiones de Zulema.

Balder piensa:

«Tiene mejor la vista. Los párpados están menos inflamados que la última vez».

—Usted habrá podido observar, Balder, que Zulema tiene un temperamento apasionado. Este temperamento se explica porque es heredosifilítica e hija de alcoholistas. Imagínese, semejante mezcla de porquerías ha originado en ella un temperamento frenético al cual me costó acostumbrarme cuando me casé, pero a todas las cosas se habitúa cuando a uno no le queda otro remedio. A pesar de todo, Zulema es buena, créalo, pero la domina su temperamento. Por ejemplo, durante un tiempo estuvo enamorada de Rodolfo Valentino. No quedó lugar en nuestra casa donde no se encontrara un retrato de ese cocainómano. Una noche, tanto fastidio me dio el tal Rodolfo, que cerré la puerta con la llave para impedir que fuera al cine a ver una película donde trabajaba ese señor. Entonces, ¿sabe lo que hizo Zulema? Se escapó por la tapia, pasó a la casa de una vecina y fue al cinematógrafo.

Mientras habla Alberto, Balder de pie, con las manos en los bolsillos, mira las dos ciudades superpuestas: arrinconada la de los rascacielos, extendiendo su fracturado horizonte de mampostería la baja. Un sobresalto repta hasta su corazón, se vuelve hacia el otro y, escrutándolo, dice sardónicamente:

—Alberto... ¿no teme que Irene sea así?

El mecánico gira repetidas veces la cabeza enérgicamente:

—No, no, no. Está equivocado, Balder. Irene es una chica de su casa, se lo garantizo yo. Puede estar tranquilo.

Balder sonríe cínicamente y replica:

—¿Y Zulema no era chica de su casa... cuando usted la conoció?

—Es muy distinto... Pero como le iba contando. Después que a Zulema se le pasó la chifladura por Rodolfo Valentino, le dio por la escultura y trabajar en yeso. De dónde sacó ese capricho no lo sé, pero del día a la noche mi casa quedó convertida en una especie de taller de estatuas. Donde usted ponía las manos era fatal que se ensuciaba de tiza. En la mesa de cocina, en vez de encontrar tenedores se daba con buriles, y las planchas de yeso andaban mezcladas con los bifes. Tachos, hasta las cacerolas empleó para hacer sus pastas. Yo llegaba del trabajo y en vez de hallar la comida hecha, me la veía a ella que con guardapolvo blanco contemplabas un boceto, y tenía que irme a comer a la fonda. Sea sincero, Balder, ¿no tenía razón de protestar? El arte está bien, no lo discuto, pero usted llega cansado de trotar por esas calles, tiene hambre. Usted ha ido a ganar dinero para su mujer... ¿y ella qué hace?... No ha pensado en usted, no... ha estado cavilando en su yeso... Dígame, ¿a quién no se le cae el alma a los pies?

Balder frente a su escritorio hace esfuerzos para permanecer serio ante Alberto. De seguir sus impulsos se reiría a carcajadas, pero piensa:

«No me equivoqué cuando la definí a ésa como una egoísta fría. E Irene es idéntica a ella, aun cuando este ingenuo diga que no».

—¿Qué piensa, Balder?

—Estaba pensando que usted ha tenido una paciencia enorme Zulema.

Alberto inclina la cabeza:

—Sí, he tenido paciencia. ¡Y cuánta! Pero pensaba: Es una chiquilina. Se la puede formar todavía. Yo estoy en la obligación de modelarla. ¿Quién le ha enseñado algo? Nadie. Sus propias manías eran una prueba de que tenía un temperamento rico de sensibilidad. Va a ver. Cuando se aburrió de ensuciar la casa convenciéndose de que no tenía ninguna condición para escultora, encontró la chifladura de comprar jarrones de tierra cocida y convertirlos en jarrones chinos, pegándoles con engrudo papelitos de distintos colores. Se cansó de esto y me gastó un capital en pinceles pomos de pinturas; quería retratarme y me hizo pasar dos domingos inmóvil para hacer un mamarracho que la convenció que también estaba equivocada, y entonces dio en algo más práctico y económico. ¡Iba a ser novelista! Yo, como siempre, le dije que hiciera su voluntad, y entonces empezó a escribir una novela imaginativa de sus amores con Rodolfo Valentino. Como es natural ella era la protagonista y el tal aparecía envuelto en una robe de chambre fantástica. Yo no sabía qué pensar, Balder, si mi mujer estaba loca, si yo para arreglar el asunto tenía que romperle el alma o conformarme con todo. Una vez perdí la paciencia y le di unas trompadas... Dígame, Balder, ¿usted no hubiera hecho los mismo?

Balder deja descansar los ojos en el zócalo verde mar de su oficina

El mecánico prosigue:

—Por fin se convenció de que su carrera estaba en el canto y ya ve, esta vez no anduvo desacertada... Me sacrifiqué para que estudiara y éste es el pago.

Tras de los lentes de Alberto corren dos lágrimas. Repite infinitamente consternado:

—Éste fue el pago... el pago...

—Fume, Alberto.

Balder quisiera acercarse al sufrimiento del otro y no le es posible. Su preocupación gira en torno de Irene. Insiste:

—¿Nunca se le ocurrió a usted que Zulema e Irene pueden ser mujeres idénticas?

Terminantemente barre el mecánico:

—No, no, Balder. Irene es una chica decente, buena, de su hogar. Ha recibido una esmerada educación por padres que saben lo que es disciplina, respeto, principios.

Balder piensa vertiginosamente:

«Alberto es un hombre capaz de fabricar un rascacielos sin cimientos. ¡Lo que es la ingenuidad!».

El otro prosigue:

—No pueden ni compararse. Irene es juiciosa. Vaya si lo es. Yo la he observado. Quizás un poco fogosa como todas las mujeres prematuramente desarrolladas.

—De modo que usted la observó y da fe, ¿no?...

—¿Por qué insiste tanto en eso? ¿Tiene alguna duda, Balder?

—A momentos sí, pero continuemos con lo suyo. Así que usted estaba tan acostumbrado a...

—Sí... estaba tan acostumbrado a ver a Zulema obsesionada de la mañana a la noche con alguna pavada, que cuando comenzó a nombrar al bailarín por aquí y al bailarín por allá, deliberadamente no le concedí ninguna importancia.

—¿Y a santo de qué Zulema le ha confesado su adulterio?

—Está desesperada.

—¡Desesperada! ¿Desesperada de qué? Ella no es mujer de experimentar remordimientos.

—Parece que Rodolfo no quiere tener más relaciones con ella y la angustia la impulsó a confesarme la verdad. Hacía varias noches que no dormía y lloraba.

—¡Qué colosal! Todas estas mujeres creen que arreglan lo asuntos con llanto. Dígame, ¿e Irene no estaba enterada de este lío?

—No; sí Irene hubiera sabido algo, me habría advertido, ¿no le parece? Para eso es amiga mía.

Durante un minuto los dos hombres se contemplan desalentados. Una sombra cruza en cada entendimiento. ¿Conocen ellos a las mujeres que tratan? Alberto mueve la cabeza, rechazando la duda y soliloquia con su voz más sibilante:

—No. Irene no sabía nada. Si no, me hubiera prevenido, ¿no le parece, Balder?

Estanislao siente tentaciones de decirle al otro:

«¿No quiere que le ponga un dedo en la boca? Qué ingenuo es usted. No hace nada más que decir palabras sin fundamento desde hoy. Por otra parte, está enamorado de su mujer y necesita disculparla. Su teoría de que todas las heredosifilíticas deben ser unas rameras, constituye un disparate. Y por otra parte, si las mujeres tienen la misma necesidad de variación sexual que el hombre, ¿por qué él está aquí contándome su drama? Debía serle indiferente la entrega de Zulema a Rodolfo. Alberto quiere a su mujer. Sin embargo, debo aprovechar este momento psicológico. Si Alberto me oculta algo, ahora se va a descubrir». Y lanza la pregunta:

—Dígame, Alberto... ¿esa noche que la señora Loayza me sorprendió conversando con Irene en el tren, no fue una emboscada preparada por usted?
—Balder... Usted no cree en nada...
—No puedo creer...
—Sin embargo, tiene la prueba de que se ha equivocado al juzgarme.
—Sí, es cierto... pero dése cuenta, Alberto, que me estoy jugando en algo muy grave. Y yo creo a medias a Irene.
El otro levantó la cabeza.
—¿Es buena Irene?
—Sí, Balder; sí, Irene es buena. Quizá sea un poco sensual.
—Vea, Alberto, que yo quiero mucho a Irene.
Alberto reflexiona un instante; luego:
—Sí, yo sé lo que le pasa a usted. Tiene un concepto idealista de la pureza. Se olvida que las mujeres tienen necesidades y piensan como los hombres. Pero no crea nada malo de Irene. Debe ser un poco impetuosa, pero siempre ha estado en su casa al lado de su madre. Créame, Balder, Irene es buena. La conozco desde chica. Claro, es lógico, usted duda de Irene por lo que me ha pasado a mí con Zulema, pero el caso es distinto, Balder. Vaya si lo es. Sea sensato. Zulema es heredosifilítica, se ha criado en un hogar donde no existía ningún respeto. El padre era un ebrio y la madre una mujer sin principios morales. ¿Qué quiere que salga de una pocilga así? El caso de Irene es distinto, Balder. Irene lo quiere a usted.
Balder sonrió imperceptiblemente.
—¿Le parece que me quiere?...
—¿Y todavía lo duda? Pero claro. Para que esa chica se avenga tener relaciones con usted estando casado es que lo quiere mucho. Además, Irene se ha criado en un hogar con principios morales. La madre es una señora muy buena. Tendrá su genio así, en el fondo es una mujer de rígidos principios, que sufre por la posición en que usted e Irene están colocados. Si yo no conociera a Irene no le diría estas cosas... Pero piense, Balder, que es para mí como una hija... Vea... si recién hace tres años que sale sola... después que murió el padre.
Balder se muerde los labios para no reír:

«¿Que cree este hombre… que una mujer para perder la virginidad necesita un siglo de calle? Todo lo que dice es inconsistente, vacío. La madre, una señora de rígidos principios morales. Yo no sé dónde descubre esos rígidos principios este hombre». Y, obstinado, insiste:

—Y el novio que tuvo…

—Fue una chiquilinada, Balder. Él le hablaba de las estrellas… ni se tuteaban… Créame, fue algo espiritual.

—¡Ah! Sí…

Callan. Una franja de sol pone un losange amarillo en el muro, y el estrépito gangoso de un claxon llega hasta el recinto. Balder cavila:

«El testimonio de este hombre no puede ser certificación auténtica de la verdad. Si él ha sido engañado por su esposa, ¿cómo puede dar fe de la buena conducta de otra mujer a quien, accidentalmente ve de cuando en cuando? Cierto es que Zulema no lo ha engañado sino que ha violado un pacto. Además, que si la señora Loayza guiara su vida por rígidos principios, no toleraría que su hija tuviera relaciones con un hombre casado, de quien ella sospecha que no piensa sino a medias en cumplir sus promesas de divorcio. Pero el engañador tampoco soy yo, porque lo que he pensado desde el primer momento de Irene y Zulema se va confirmando; entonces de engañador me convierto en engañado. Además que si he interpretado mal he sido empujado a ello por la equívoca conducta de Zulema, Alberto e Irene. ¿Pero si me equivoco respecto de Irene como me equivoqué respecto del mecánico?».

Congoja moral lo encoge en su sillón.

«¿Cómo deslindar la verdad entre este cúmulo atroz de apariencias, pruebas, contrapruebas? ¿No será el diablo quien está dirigiendo semejante juego tramposo? Y yo no deseaba engañar a Irene. La quiero… ¡pero en cambio ella me engaña a mí!». Y Balder salta nuevamente hacia otro ángulo:

—Resulta más que extraño que Irene ignorara las relaciones que Zulema tenía con Rodolfo. Ellas son cómplices.

—No, porque yo también le pregunté a Zulema si Irene sabía algo, y Zulema me aseguró terminantemente que no. Irene no sabía una palabra.

Balder se encoge de hombros.

Mareado a fuerza de acumular razones y desrazones, cierra los ojos intranquilo. Ha entrado sin duda alguna, al camino tenebroso y largo. Sólo Dios puede salvarlo. Sin embargo, ¡qué curioso!, él también como Alberto ha tratado de formalizar un pacto de sinceridad recíproca con Irene. Recuerda que bajo el arco de la estación Retiro, junto a un pilar, interrogó a Irene. ¿Era o no virgen? Y aunque su respuesta fue afirmativa, él no pudo admitir su veracidad total. Estaba seguro que Alberto deseaba que su mujer lo engañara, y ahora en Alberto descubría un hombre sincero, enamorado de su esposa, ingenuo, porque como todos los ingenuos creía en los pactos y en la sinceridad. Irene mentía como Zulema. Alberto respondía de la honestidad de Irene, como hacía cuarenta y ocho horas garantizaba la fidelidad de Zulema. Con la misma inconsciencia. Los sonrosados espejismos del camino tenebroso y largo se han desvanecido. La castidad nevada del País de las Posibilidades se ha transformado en la medrosa perspectiva de la Tierra de los Pantanos. Cubiertos de fango, ellos chapotean bajo un sol enhollinado, lanzando pequeños gritos de monstruos tartamudos. La extensión se cubre de hedores a excremento, cardales horribles menstrúan espinosos bulbos azulados, Irene y Zulema los llaman haciendo arduas señales con sus manos tiznadas de betunes y marrones fecales, y Balder exclama:

—Esto es horrible.

—¿No es cierto?

Estanislao clava la mirada en aquel hombre. Instantáneamente le es enormemente odioso. La inepcia de Alberto refleja su inepcia, la estupidez de aquel hombre es la suya. Alberto es un desdoblamiento de él, Estanislao Balder, y durante un instante éste experimenta la extraordinaria vergüenza de haber sido engañado ante millares de testigos que pueden asegurar riéndose:

«Este hombre era tan imbécil que creyó en la pureza de una audaz espuria».

—¿Qué piensa, Balder?...

—Tengo la cabeza pesada, Alberto. La vida es una máquina espantosa. Me doy cuenta que los problemas no se pueden resolver como en geometría. ¿Qué va a hacer usted?

—No sé... no sé, Balder.

—Bueno, entiéndame... trate de no matar... ¿Qué se ganaría con eso?...
—Es cierto... es cierto...
Alberto se pone de pie. No tienen ya nada que decirse. Se alargan las manos, y al estrechárselas, la mirada del mecánico adquiere una expresión de perro hambriento. El otro entreabre la puerta acristalada y, de pronto, Estanislao, no pudiendo retener ya más su secreto, exclama:
—Venga, Alberto. Tengo que hablar con usted. Es una noticia terrible...
El mecánico queda entre la oficina y el corredor oscuro, con el sombrero flojo suspendido de una mano y la boca entreabierta. Luego se acerca despacio. Murmura:
—¿Ha muerto su señora?
—No... he cortado con Irene.
Alberto dilata los ojos, el hoyo rojo de la boca y, dejándose caer en la silla, levanta la cabeza y pregunta:
—¿Qué ha pasado?
Balder permanece de pie ante el escritorio. Trata de hablar despacio, como si se encontrara ante una clase de alumnos que únicamente lo pueden entender si vocaliza con lentitud:
—Ayer a la tarde he puesto una carta certificada en el correo cortando con ella. Yo pensé que usted venía a verme enviado por la señora Loayza.
—No es posible, Balder. ¿Qué ha pasado?
—Irene no es virgen.
—¿Qué dice usted? ¡Está loco! ¿Cómo no va a ser virgen?
—No es virgen, Alberto.
—Pero no... no es posible. ¿Qué pruebas tiene usted?
—Ayer a la mañana se entregó a mí.
—¡Cómo! ¿No se había entregado todavía?
—No... ayer, para mi mala suerte, se entregó.
—¿Y no es virgen?
—Hizo la comedia... nada más que la comedia.
—Balder... no diga eso.
—Para mí fue una escena tristísima. No se altere y escúcheme. La escena más triste de mi vida. Ella a mi lado desnuda, yo sonriendo falsamente, con un frío horrible adentro. Instantáneamente se acabó todo en mí. La chica de

su casa, como dice usted, resultó una mujer interiorizada por completo en la técnica del placer.

—Con razón que usted me hacía esas preguntas. Pero no, no puede ser.

—¿Y por qué no puede ser? ¿Porque es amiga suya?

—Balder, ¿en qué mundo estamos? Pero no, no. Usted se ha equivocado. Hable. No tenga vergüenza. No se puede acusar una muchacha de algo tan grave.

Balder reflexiona:

«Nuevamente este hombre se contradice. Antes las relaciones sexuales eran tan naturales en la mujer como en el hombre. Ahora dejan de serlo. Estoy perdiendo tiempo».

—Vea, Alberto... no quisiera hablar. Pero usted es el responsable. Bueno. Oiga —y como si hubiera alguien que pudiera escuchar su secreto, Estanislao habla en la oreja del mecánico.

Éste escucha moviendo pensativamente la cabeza. Luego inclina el rostro, vencido. Recapacita y agrega tristemente, sin fuerza de convicción:

—Vea, esos tejidos tienen un funcionamiento muy raro.

—Todo lo que quiera, Alberto; pero esa muchacha no es virgen. Además, que ni usted y ni yo somos médicos para hablar de funcionamiento de tejidos. Lo real es que Irene ha hecho la comedia de la virginidad. Me ha engañado terriblemente. ¡Queriéndola como la quería! ¿Para qué mintió? ¿Con qué necesidad? ¿No es estúpido, infinitamente estúpido lo que ocurre? Piense usted, que yo me he mostrado ante ella comprensivo desde el primer día de nuestro trato. Habré mentido en detalles secundarios. En le esencial fui verídico, cuando no siéndolo hubiera ganado mucho más. Y ella en compañía de la cínica de su madre a cambio de una hipotética virginidad me exigía rotundamente el divorcio. Y si a usted no le ocurre la desgracia de que soy testigo, también lo hubiera creído cómplice de esa mujer.

—Balder, no hable así.

—No, Alberto. La madre de esa muchacha no es otra cosa que una indecente comedianta, con alardes de rígidos principios morales. Y yo y usted dos perfectos imbéciles. ¡Hay que ver! Y después a usted se le llenaba la boca mentando la casa de la señora Loayza. Cien veces más decente es Zulema, sí.

—Balder, usted está excitado y no sabe lo que dice. Irene es una chica muy buena. La madre de Irene, una señora decente. Si permitió que entrara a su hogar es porque usted le prometió divorciarse.

—Qué gracioso. Lo único que faltaba es que esa señora me hubiera recibido por mi linda cara. Le prevengo que esta última actitud sería infinitamente más decente que la primera. Si la señora Loayza me permitió visitar la casa, fue porque le prometí divorciarme. ¿El precio de su hija era mi divorcio? Si no, ¿a santo de qué me iba a recibir? Yo era el gran negocio. Un excelente cretino, bien administrado, rinde, aunque sea, el apellido matrimonial. Sólo un idiota puede cargar con semejante viciosa. El pabellón cubre la mercadería, Alberto. Esa gente no tan sólo no tiene vergüenza, sino que además son unos hipócritas redomados. Ahora me explico que una vez, esa digna viuda, conversando con Zulema, dijera: «Balder es un gilito». ¿Usted qué se cree? Me he callado todo lo que he observado, porque sólo así podía descubrir la verdad. No se me escapó absolutamente nada. Entraba a la casa de esa gente como se entra a una cueva de bandidos. Sin saber desde qué ángulo recibirá la puñalada trapera.

—No esperaba con tanta seguridad la puñalada que lo sorprende así.

—¿Esperaba usted el engaño de Zulema? No. Y sin embargo no le faltaban antecedentes, ¿eh? Y me viene a ver... como si dudara de la confesión de su mujer.

Alberto mueve la cabeza. No encuentra razones para defender a sus amigas. Por fin exclama:

—Veo que tiene el prejuicio de la virginidad.

—Sacramente como ellas tienen el prejuicio del divorcio y, después de mi divorcio, el del matrimonio legal. Creo que estamos a la par en eso de prejuicios. Y por otra parte, sinceramente hablando, ¿cree usted que la virginidad de Irene me importa mucho? ¡No, hombre, no me interesa! Si yo lo sospechaba. La prueba, que no me sorprendió. Pude simular ante ella con bastante serenidad.

—¿Y entonces?

—Quiero decirle además otra cosa. No me importaría un pepino que esa muchacha se hubiera acostado con cien hombres. ¿No me acostado yo con cien mujeres?

205

—¿Y entonces, Balder? ¡No lo comprendo!

—Me repugna ese tendal de mentiras dosificadas, la complicidad de una madre desalmada y de una muchacha hipócrita, y el trabajo de farsa que ambas realizaron. Irene estaba en la absoluta obligación de decir la verdad, cuando le confesé mi estado civil. Jugó con trampa y ¿qué he recogido de esta trampa? Ensuciarme con ustedes en el lío más humillante de mi vida.

—¿Así que si ella le confiesa que no era virgen, usted no entra a la casa?

—Ésa es una pregunta mal intencionada, Alberto. No puedo precisar ahora la conducta que hubiera asumido entonces. De hecho los estados psíquicos son distintos. Procedo sobre la base de lo que me ocurre actualmente. Y valorando todos los disparates que hice por ella. No puedo tener relaciones con una mujer cuya conducta interna es fundamentalmente distinta a la mía. Yo no he buscado en Irene la querida. Queridas puedo tenerlas a granel... e Irene lo sabe también. Ella era para mí el amor puro.

—Lo comprendo.

—Preferiría que no me comprendiera. Posiblemente usted no me comprende.

—¿Por qué me dice eso?

—Tengo la sensación de que usted es mi enemigo.

—Comprendo todo lo que pasa en usted, Balder.

—Gracias. ¿Qué le decía? ¡Ah!, sí... Irene... Yo también pensaba como usted en modelar con mi personalidad el alma querida. Imaginaba la vida consagrada a ella. Trabajaríamos juntos. Quería regalarle lo mejor de mí. Pensaba, ¡no son frases éstas, Alberto, no!, pensaba: «Cuando ella tenga veinticuatro años, todas las mujeres y hombres volverán la cabeza para admirar a esta criatura. En ella adivinarán la súper-mujer». Y ya ve, la súper-mujer se me ha convertido en una hembra solapada, que riendo maliciosamente pasará de mano en mano. ¿No es espantoso esto?

Algunas lágrimas de sal quemante, corren por las mejillas de Balder. Se enjuga rabiosamente los párpados y dice:

—No haga caso, Alberto. Estoy humillado, ofendido tan profundamente como nadie lo estará nunca sobre la tierra. Coloqué los más puros sueños de mi vida en una mujer a quien cualquier hombre podrá manosear impunemente. Y yo, yo que no soy una criatura, estoy destrozado. Creía que la sinceridad era potente iy vea si estoy triste!, mi pobre sinceridad no ha conseguido provocar en Irene ni un solo sentimiento de caridad o nobleza. ¡Nada, nada! Salvo los intereses relativos a nuestro matrimonio, su alma ha permanecido estéril. ¡Eso! Un alma reseca por la lujuria y la mentira. ¡Eso! Alma de mujer que miente. Miente siempre, Alberto, siempre. Ha mentido cuando confesaba ignorar si Zulema...

—No ha mentido.

—¡Ha mentido! Le ha mentido a usted, le ha mentido a la madre, le ha mentido a Zulema... me ha mentido a mí... le ha mentido a todos. Miente porque tiene un secreto, miente porque lleva sangre de negros en las venas y los negros mienten siempre. Así los acostumbró el látigo del blanco.

Alberto insiste:

—Zulema me ha dicho que Irene ignoraba...

—Miente también Zulema ahora.

—Pero entonces, ¿en quién se puede creer?

—¿Me lo pregunta a mí? ¡Qué sé yo en quién se puede creer! En nadie, en nada.

El dolor de Balder crece, quemándole las mejillas con su fuego. Alberto cavila como frente a un tablero de ajedrez. Estanislao prosigue:

—Ahora me explico su silencio. Su movimiento de cejas oblicuo y burlón. Sus extrañas prácticas sexuales. Y yo como un estúpido le hablaba de amor. ¡Cómo debe haberse reído de mí la «criatura ingenua»! ¡Ella y la madre! ¡Cómo deben haberse reído! Y dicho: «¿Es posible que éste sea un hombre casado?».

—Balder... Balder, ¡qué hombre es usted! Hace una tempestad en un vaso de agua. Irene es buena y cariñosa. Será sensual, no lo niego, un poco sensual, pero nada más, Balder. Usted se equivoca. Yo he conocido al padre...

—Que era teniente coronel de nuestro ejército... Suma y sigue... y a la madre que es una viuda de rígidos principios, ¿no es así?

—No haga chistes, Balder.

—Los chistes los hace usted, Alberto. Yo no estoy en disposición de hacer chistes.

No tienen más que decirse. Se levantan, van a despedirse, el mecánico a través de sus lentes investiga el amarillento rostro de Balder, e insiste postreramente:

—Vea, Balder; se equivoca. Acuérdese que se equivoca. Mire que a nadie puede condenárselo sin pruebas. Usted se equivoca. Está cometiendo una injusticia atroz... Sí... una injusticia atroz con una muchacha cuyo único crimen es quererlo mucho y habérsele entregado.

Balder niega rotundamente con la cabeza.

—No me equivoco. ¡Esto ha terminado! Irene no era virgen. Entiéndame bien. No era virgen. ¡Y yo para mi desgracia sigo queriéndola!

Alberto coge su sombrero de encima del escritorio, vacila; luego le alarga la mano a Balder y se la estrecha flojamente. Sale. Durante un instante queda detenido en el corredor como si quisiera decir algo, luego el eco de sus pasos se extingue en el linóleo del piso.

Estanislao se deja caer en su sillón, clava los codos en el escritorio y aplasta el rostro sobre las manos rígidas, al tiempo que la voz de su Fantasma le susurra en los oídos:

—Balder, le ocultaste al mecánico el cincuenta por ciento de lo que ocurrió. ¿Por qué no le dijiste que ayer, después que Irene se fue, llegó tu esposa y te reconciliaste con ella?

—Irene no era virgen.

—Y tú conviertes esa verdad en un pretexto que te permite zafarte. ¡Magnífico, Balder!, no discutamos. Te asiste la inhumana razón del jugador. Apostaste a un naipe, la mentira de Irene, y no has perdido. Venciste en buena ley de azar... pero volverás a ella porque tu ganancia es dolorosa y no puede satisfacerte.

—He terminado para siempre.

—Volverás...

Libros a la carta

A la carta es un servicio especializado para
empresas,
librerías,
bibliotecas,
editoriales
y centros de enseñanza;
y permite confeccionar libros que, por su formato y concepción, sirven a los propósitos más específicos de estas instituciones.

Las empresas nos encargan ediciones personalizadas para marketing editorial o para regalos institucionales. Y los interesados solicitan, a título personal, ediciones antiguas, o no disponibles en el mercado; y las acompañan con notas y comentarios críticos.

Las ediciones tienen como apoyo un libro de estilo con todo tipo de referencias sobre los criterios de tratamiento tipográfico aplicados a nuestros libros que puede ser consultado en Linkgua-ediciones.com.

Linkgua edita por encargo diferentes versiones de una misma obra con distintos tratamientos ortotipográficos (actualizaciones de carácter divulgativo de un clásico, o versiones estrictamente fieles a la edición original de referencia).

Este servicio de ediciones a la carta le permitirá, si usted se dedica a la enseñanza, tener una forma de hacer pública su interpretación de un texto y, sobre una versión digitalizada «base», usted podrá introducir interpretaciones del texto fuente. Es un tópico que los profesores denuncien en clase los desmanes de una edición, o vayan comentando errores de interpretación de un texto y esta es una solución útil a esa necesidad del mundo académico.

Asimismo publicamos de manera sistemática, en un mismo catálogo, tesis doctorales y actas de congresos académicos, que son distribuidas a través de nuestra Web.

El servicio de «Libros a la carta» funciona de dos formas.

1. Tenemos un fondo de libros digitalizados que usted puede personalizar en tiradas de al menos cinco ejemplares. Estas personalizaciones pueden ser de todo tipo: añadir notas de clase para uso de un grupo de estudiantes,

introducir logos corporativos para uso con fines de marketing empresarial, etc. etc.

2. Buscamos libros descatalogados de otras editoriales y los reeditamos en tiradas cortas a petición de un cliente.

www.ingramcontent.com/pod-product-compliance
Lightning Source LLC
Chambersburg PA
CBHW031436160426

43195CB00010BB/757